essentials

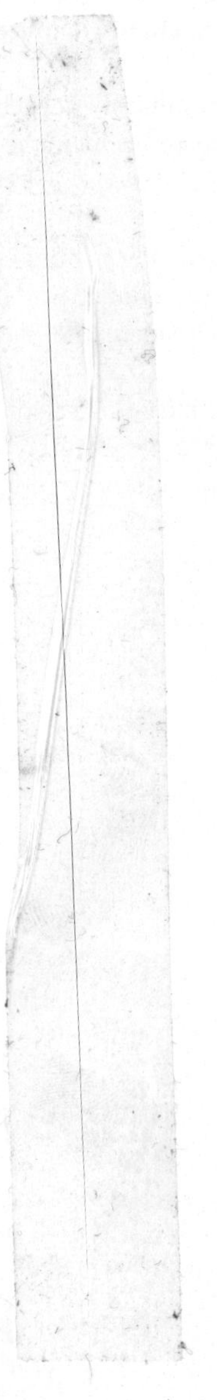

Essentials liefern aktuelles Wissen in konzentrierter Form. Die Essenz dessen, worauf es als „State-of-the-Art" in der gegenwärtigen Fachdiskussion oder in der Praxis ankommt. Essentials informieren schnell, unkompliziert und verständlich.

- als Einführung in ein aktuelles Thema aus Ihrem Fachgebiet
- als Einstieg in ein für Sie noch unbekanntes Themenfeld
- als Einblick, um zum Thema mitreden zu können.

Die Bücher in elektronischer und gedruckter Form bringen das Expertenwissen von Springer-Fachautoren kompakt zur Darstellung. Sie sind besonders für die Nutzung als eBook auf Tablet-PCs, eBook-Readern und Smartphones geeignet.

Essentials: Wissensbausteine aus Wirtschaft und Gesellschaft, Medizin, Psychologie und Gesundheitsberufen, Technik und Naturwissenschaften. Von renommierten Autoren der Verlagsmarken Springer Gabler, Springer VS, Springer Medizin, Springer Spektrum, Springer Vieweg und Springer Psychologie.

Falko von Ameln

Organisationsberatung

Eine Einführung für Berater, Führungskräfte und Studierende

Dr. Falko von Ameln
Norden
Deutschland

ISSN 2197-6708 ISSN 2197-6716 (electronic)
essentials
ISBN 978-3-658-09368-6 ISBN 978-3-658-09369-3 (eBook)
DOI 10.1007/978-3-658-09369-3

Die Deutsche Nationalbibliothek verzeichnet diese Publikation in der Deutschen Nationalbibliografie; detaillierte bibliografische Daten sind im Internet über http://dnb.d-nb.de abrufbar.

Springer

Gedruckt auf säurefreiem und chlorfrei gebleichtem Papier

Springer Fachmedien Wiesbaden ist Teil der Fachverlagsgruppe Springer Science+Business Media
(www.springer.com)

Was Sie in diesem Essential finden können

- Einen kurzen Blick auf die Geschichte der Organisationsberatung
- Die wichtigsten organisationstheoretischen Grundlagen in Kurzform
- Eine ausführliche Darstellung der Erfolgsfaktoren und Herausforderungen in Veränderungsprozessen
- Einen Überblick über verschiedene Interventionsmethoden im Rahmen der Veränderungsarchitektur
- Gedanken zu den Besonderheiten interner Beratung
- Organisationssoziologische Erkenntnisse zu offiziellen und latenten Funktionen der Organisationsberatung

Inhaltsverzeichnis

1 Veränderungsmanagement – vom Einmalereignis zur Daueraufgabe

Veränderungen in allen Lebensbereichen sind zur Grundsignatur unserer Gesellschaft geworden. Würde man unsere Vorfahren aus dem 19. Jahrhundert in unsere Zeit transportierten, würden sie ihre Welt kaum mehr wiedererkennen, denn Lebensverhältnisse, Architektur, Technologie, soziale Normen und Praktiken etc. ändern sich in immer schnellerem Tempo. Nachdem sich die Sicherheiten der Moderne in den Unsicherheiten der Postmoderne auflösten, führen die zunehmende Vernetzung zwischen sozialen Akteuren, die wachsende Mobilität über geografische und kulturelle Grenzen hinweg sowie die Geschwindigkeit, in der Informationen ausgetauscht werden können, in die „next society" (Baecker 2007) mit ganz neuen sozialen Dynamiken, deren Folgen sich zum gegenwärtigen Zeitpunkt noch kaum absehen lassen.

Dieser rasante und grundlegende Wandel stellt auch heutige Organisationen[1] vor Herausforderungen: Sie müssen sich auf Veränderungen in ihren relevanten Umwelten, aber auch auf interne Veränderungen einstellen, um überlebensfähig zu bleiben. Hierzu nur einige Beispiele:

- veränderte Kundenbedürfnisse
- Globalisierung von Produktions- und Abnahmemärkten
- technologische Entwicklungen

[1] In diesem Buch wird der Begriff „Organisationen" in einem weiten Sinne verwendet, der Wirtschaftsunternehmen, öffentliche Organisationen, Nonprofit-Organisationen etc. einschließt. Auf Unterschiede, die zwischen den verschiedenen Organisationstypen im Hinblick auf Beratung bestehen, wird an entsprechender Stelle hingewiesen, ansonsten sind immer Organisationen in ihrer Gesamtheit angesprochen.

F. von Ameln, *Organisationsberatung,* essentials,
DOI 10.1007/978-3-658-09369-3_1

- veränderte gesetzliche Grundlagen
- demografischer Wandel: alternde Belegschaften, Fachkräftemangel
- Wertewandel und daraus erwachsende veränderte Ansprüche an Arbeit

Dies gilt nicht nur für Wirtschaftsunternehmen, sondern – mit jeweils spezifischen Vorzeichen – auch für öffentliche Verwaltung und Non-Profit-Organisationen. Typische Beratungs- und Veränderungsthemen, die daran anschließen, sind in Tab. 1.1 überblicksweise dargestellt.

Bis vor einiger Zeit genügte es, periodische Anpassungen an die Veränderungen vorzunehmen, mit denen man konfrontiert wurde. Es wurde ein Change-Projekt aufgesetzt, nach dessen Abschluss sich bis auf weiteres in geordneten Bahnen weiterarbeiten ließ. Aufgrund vorhergehender Versäumnisse waren die Veränderungsnotwendigkeiten oft tiefgreifend und machten einen grundlegenden Umbau der Organisationsstruktur und der strategischen Ausrichtung, schmerzhafte Downsizing-Prozesse oder Unternehmensfusionen erforderlich – die Rede von „radikalem Wandel", „Transformation" oder „Turnaround" war in aller Munde. Vielen Unternehmen gelang diese tiefgreifende Umsteuerung nicht, wie zahlreiche Beispiele von Swissair über Woolworth bis hin zu Schlecker und der gescheiterten Fusion von Daimler und Chrysler zeigen.

Vor einigen Jahren hatte der Druck vielfach soweit zugenommen, dass in vielen Unternehmen ein regelrechter Wildwuchs hektisch aufgesetzter und schlecht koordinierter Projekte entstand (die von Capgemini befragten Change-Verantwortlichen benannten sowohl in der Studie von 2003 als auch in der Studie von 2005 zu viele Aktivitäten ohne Priorisierung als schwerwiegendstes Problem bei der Umsetzung und Implementierung von Veränderungsprozessen, vgl. Claßen et al. 2003, 2005). Diese Überlastung drückt sich auch darin aus, dass 60 % der von dem Beratungsunternehmen osb international befragten 1500 Mitarbeiter und 600 Führungskräfte den Eindruck äußern, dass es aufgrund negativer Erfahrungen u. a. mit

Tab. 1.1 : Typische Beratungs- und Veränderungsthemen

Strategieentwicklung
Veränderungen der Aufbauorganisation, Reorganisation
Veränderungen der Ablauforganisation, Prozessverschlankung
Erschließung neuer Märkte und Kundengruppen
Qualitätsmanagement
Mergers & Acquisitions
IT-Projekte
Wachstumsinitiativen
Marketing, Kundenkommunikation, soziale Medien

Tempo und Anzahl von Veränderungen heute mehr Abwehr gegen Veränderungen gibt als früher (Pichler 2013). Eine Change-Müdigkeit hat sich breit gemacht.

Seit einigen Jahren beginnt sich die Erkenntnis durchzusetzen, dass sich die Gestaltung organisationalen Wandels grundlegend erneuern muss:

1. In der heutigen Organisationswelt stellen Veränderungsprozesse keine projektförmig abzuwickelnde Sonderaufgabe mehr dar, sondern eine Daueraufgabe, die nicht nur mit genauso viel Aufmerksamkeit und Professionalität gesteuert werden muss wie z. B. das strategische Management, sondern die von diesem gar nicht sinnvoll abzulösen ist und bei allen wichtigen Entscheidungen mitbedacht werden muss.
2. Veränderungsprozesse müssen schneller, weniger energieaufwändig und gleichzeitig nachhaltiger werden.

Rechtzeitig initiierte und professionell gestaltete Veränderungsprozesse können entscheidende Bedeutung für das Überleben von Organisationen haben. Gleichzeitig belegen Studien, dass ein dramatischer Prozentsatz von Veränderungen scheitert – die Zahlen schwanken je nach Studie zwischen 40 % und 70 % (z. B. IBM 2008, S. 9 f.). Die Gründe dafür sind vielfältig, es lässt sich aber festhalten: Die erfolgreiche Gestaltung von Veränderungsprozessen ist äußerst anspruchsvoll.

Organisationsberatung hilft dabei, die Komplexität solcher Prozesse zu strukturieren, fachliches und methodisches Knowhow einzubringen, das in der Organisation ansonsten nicht verfügbar ist sowie EntscheiderInnen und GestalterInnen von Veränderungsprozessen zu unterstützen. Bis heute scheint es in den Diskursen rund um Organisationsberatung als selbstverständlich, dass es sich dabei um eine extern erbrachte Dienstleistung handelt. Doch die Praxis sieht längst anders aus: Bereits 2009 verfügten laut einer Studie von Galal, Richter und Steinbock (2010) ca. 70 % der DAX 30-Unternehmen über eine interne Beratungseinheit. In den von den Autoren befragten 20 Unternehmen wurden bereits 40 % der Beratungsprojekte intern erbracht, mit steigender Tendenz.

Paradigmen der Organisationsberatung

2

In diesem Kapitel sollen zunächst *Expertenberatung* und *Prozessberatung* als die beiden wichtigen Paradigmen der Organisationsberatung kurz skizziert werden. Die Unterscheidung zwischen diesen beiden Beratungsformen ist sowohl in der Literatur als auch für die Praxis nach wie vor prägend, so dass sie in den Abschn. 2.1 und 2.2 kurz in den wichtigsten Umrissen dargestellt werden sollen. Die Zukunft gehört zweifellos einer Beratungsform, die beide Ansätze integriert und die in Abschn. 2.3 sowie im weiteren Verlauf dieses Buches beschrieben werden soll.

2.1 Expertenberatung

Personenbezogene Beratung gab es schon beim Orakel von Delphi oder an den Königshäusern des Mittelalters. Eine spezifisch auf die Fragestellungen von Organisationen bezogene Beratung entstand jedoch erst um 1920 mit den Firmen Arthur D. Little (1886, wobei Beratungsleistungen im engeren Sinne erst deutlich später angeboten wurden), Booz & Co. (1913), McKinsey & Company (1926) und A. T. Kearney (1926, vgl. Fink 2014, S. 14 ff.), die das Management im Hinblick auf Finanzierung, Rationalisierungsmöglichkeiten und Führungsfragen berieten. In den 1960er Jahren gründete sich die Boston Consulting Group, die die Beratung zu strategischen Themen als neues Geschäftsmodell entwickelte. Aus diesen frühen Anfängen entwickelte sich das Paradigma der klassischen Unternehmensberatung (auch unter Begriffen wie Consulting oder – eher irreführend, da auf einen Themenkreis reduziert – Strategieberatung bekannt).

F. von Ameln, *Organisationsberatung,* essentials,
DOI 10.1007/978-3-658-09369-3_2

Ein typisches Vorgehen der Expertenberatung besteht darin, dass nach der Auftragserteilung eine Projektgruppe des Beratungsunternehmens unter Einbeziehung einzelner MitarbeiterInnen der Organisation zusammengestellt wird, die das in Frage stehende Problem (z. B. eine gescheiterte Strategie, eine nicht ausreichend kundenfreundliche Organisationsstruktur oder zu lange Durchlaufzeiten eines Produktionsprozesses) zunächst eingehend und unter Heranziehung von umfangreichen Daten (zur Konkurrenzsituation, zur Kundenstruktur etc.) und komplexen Rechenmodellen analysiert. Auf dieser Basis wird eine Empfehlung an den Kunden erstellt. Die Implementierung geschieht häufig in Eigenverantwortung der Kundenorganisation – entsprechend sind in dem zweibändigen, insgesamt ca. 800 Seiten starken Grundlagenwerk von Niedereichholz (1996, 2008) nur neun Seiten dem Thema „Realisierung" inclusive Realisierungsvorbereitung, Fortschrittskontrolle und Maßnahmenkorrektur gewidmet.

Expertenberatungen genießen oft eine hohe Akzeptanz bei den AuftraggeberInnen: Sie verfügen über hochqualifiziertes Personal, wirkungsvolle Teamstrukturen, ein hohes Verständnis für die Geschäftsprozesse des Kunden, erprobte Tools zur Erarbeitung strukturierter Lösungen, intensive Kenntnis der Branche und ihrer typischen Schwierigkeiten sowie Best-practice-Modellen zu ihrer Lösung.

Auf der anderen Seite wird die Expertenberatung wegen ihres in der klassischen Organisationslehre wurzelnden, rationalistischen Organisationsverständnisses kritisiert (zusammenfassend Ameln et al. 2009, S. 36 ff.). Die Orientierung an Best-practice-Lösungen setzt voraus, dass es eine optimale Gestaltung organisationaler Strukturen und Prozesse geben könnte, die zu maximaler Effizienz führt. Die Bedingungen für das effiziente Funktionieren der Organisation variieren dagegen zwischen Organisationen und situativ auch innerhalb derselben Organisation. Die Annahme, eine Organisation lasse sich nach einem von der Beratung erstellten Plan umbauen, greift zu kurz, da die Prozesse innerhalb der Organisation nicht immer einer linearen Kausalität folgen und es aufgrund der komplexen, zirkulären und multikausalen Vernetzung von Einflussfaktoren zu unvorhersagbaren Systemdynamiken kommen kann. Vielfach werden die vorgelegten Konzepte als nicht passend erlebt und daher nicht umgesetzt, oder die Veränderungen bleiben „auf dem Papier", da das Management die Empfehlungen der BeraterInnen nicht umsetzt oder die Organisation nach einem anfänglichen Veränderungsschub wieder in die gewohnten Routinen zurückfällt.

Entgegen der (meist von Autoren psychologischer oder soziologischer Provenienz vorgebrachten) Kritik ist die Expertenberatung nicht stehen geblieben. Große Beratungsunternehmen propagieren heute die Abkehr von Best-practice-Modellen, weisen auf die Gefahr linearen Denkens angesichts der Komplexität von Organisationen hin und propagieren den Nutzen eines vor allem auf die Kultur fokussierenden Change Managements.

2.2 Prozessberatung

Während zu Zeiten des Fordismus und Taylorismus die Annahme vorherrschte, man könne eine Erhöhung der Arbeitsleistung durch strikte Arbeitsteilung, klare Aufgabendefinition und die genaue Vorgabe von Arbeitsabläufen bin hin zu einzelnen Handgriffen erreichen, rückte Mitte des 20. Jahrhunderts als Ergebnis sozialpsychologischer Studien (z. B. der berühmten Hawthorne-Experimente) die Bedeutung von Motivation, Arbeitszufriedenheit, Teamarbeit und guter Führung in den Mittelpunkt. Dadurch veränderte sich auch das Bild von Organisationen: Mechanistische Vorstellungen (Die Organisation als Maschine, die sich im Fall eines „Defektes" durch Umbau oder durch Reparatur von Bauteilen instandsetzen lässt) wurden abgelöst durch das Modell der *Organisation als sozio-technisches System*, in dem soziale und technische Dimensionen nicht abgelöst voneinander verändert werden können.

Organisationsveränderungen können in diesem Modell nicht „am Reißbrett" entworfen, sondern sollten partizipativ unter möglichst weitreichender Einbindung der Mitarbeitenden entwickelt werden, gemäß dem Leitsatz „Betroffene zu Beteiligten machen". Dies soll im Modell der *Aktionsforschung* durch eine gemeinsame Analyse der Probleme und eine gemeinsame Maßnahmenplanung durch BeraterInnen und Mitarbeitende erreicht werden. In diesem Paradigma liegt die Aufgabe der Beratung nicht mehr darin, inhaltliche Gestaltungsempfehlungen (etwa im Sinne von Best-practice-Lösungen) einzubringen, sondern darin, das in der Organisation vorhandene implizite Wissen der Mitarbeitenden zu aktivieren und den Prozess der gemeinsamen Lösungsentwicklung zu moderieren.

Diesem Modell der *Organisationsentwicklung* ist vorgeworfen worden, dass es auf einer sozialromantischen Vorstellung der Verhältnisse beruhe, in der Machtstrukturen und Interessengegensätze keine Rolle spielen. Des Weiteren wird kritisiert, dass die Organisationsentwicklung zu stark auf zwischenmenschliche Beziehungen und Teams fokussiert und dabei die Organisation aus dem Blick verliert (zu dieser Kritik Ameln et al. 2009, S. 74 ff.).

Als Reaktion auf diese Kritik entwickelte sich die *systemische Organisationsberatung*, die ebenfalls den Prozessberatungsansätzen zuzurechnen ist. Sie übernimmt Teile des methodischen Instrumentariums der Organisationsentwicklung, hinterlegt ihr Vorgehen aber mit einer differenzierten organisationstheoretischen Grundlage (siehe Kap. 3). Die heute etablierten Ansätze des *Change Management* lassen sich als Weiterentwicklung der Organisationsentwicklungstradition verstehen, die auf einige der Kritikpunkte reagiert und dabei teilweise Erkenntnisse der systemischen Organisationsberatung einbezieht.

2.3 Auf dem Weg zu einer integrierten Organisationsberatung

Fach- und Prozessberatung weisen komplementäre blinde Flecke auf (Ameln et al. 2009). Die Schwachpunkte der etablierten Beratungsansätze zeigen sich u. a. in der oben bereits erwähnten hohen Misserfolgsrate. Gerade angesichts der steigenden Anforderungen an die Gestaltung von Veränderungsprozessen (siehe Kap. 1) ist die Beratungswissenschaft auf der Suche nach einem integrierten Ansatz (vgl. etwa Königswieser et al. 2006; Wimmer 2010). Merkmal dieses „dritten Modus", wie Wimmer (Wimmer et al. 2014) ihn nennt, ist ein diskursiver Prozess im Beratungssystem, in den sowohl das Fachwissen der BeraterInnen (in Form von Expertenberatungselementen) als auch das implizite Wissen der Organisationsmitglieder einfließen. Letztlich geht es um eine gemeinsame Rekonstruktion der organisationalen Wirklichkeit und eine Neukonstruktion von Möglichkeitsräumen, die die BeraterInnen auf der Sach-, Zeit- und Sozialdimension strukturieren. Dabei sind Strategie, Struktur und Kultur gleichermaßen reflexionsleitend (vgl. Abb. 2.1).

Eine zentrale Frage in diesem Ansatz ist die Gestaltung von Kommunikationsräumen unter selektiver Einbindung der Organisationsmitglieder. Nachhaltige Veränderungen können nicht „top-down" verordnet werden noch; auf der anderen Seite ist eine zu breit angelegte Partizipation für die Beteiligten oft überfordernd,

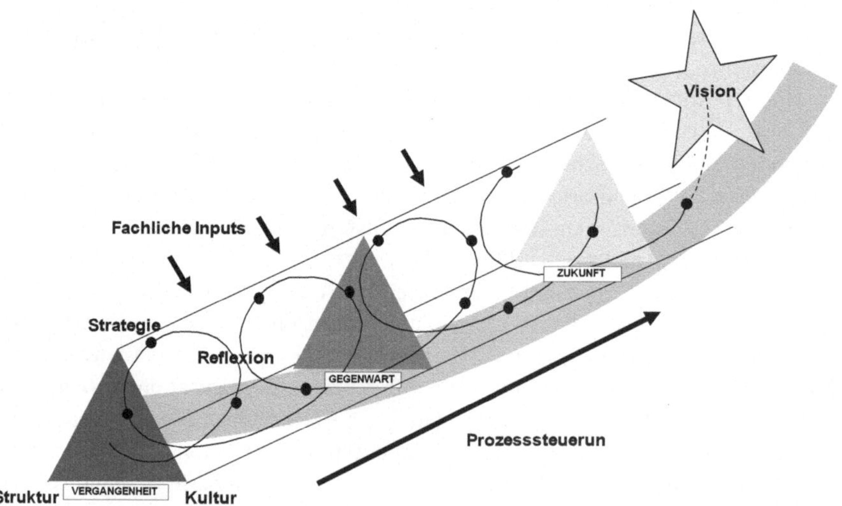

Abb. 2.1 Integration von Fach- und Prozessberatungsanteilen in Veränderungsprozessen. (aus Zech 2013)

suggeriert Entscheidungsspielräume, die oft nicht gegeben sind, heizt die innerorganisationale Mikropolitik an und macht die Prozesse aufwändig und träge. Das Spannungsfeld von Führung und Partizipation muss also sorgfältig austariert werden. Ein wichtiges Element hierbei ist die Erstellung einer Veränderungs- bzw. Prozessarchitektur, die in Kap. 5 erläutert wird.

▶ **Organisationsberatung** ist ein kommunikatives System, das sich im Anschluss an eine Problembeschreibung durch die Organisation entwickelt, mit dem Ziel, Lösungsmöglichkeiten für dieses Problem zu entwickeln und zu implementieren. Sie unterscheidet sich von Personal- oder Teamentwicklung dadurch, dass ihr primärer Fokus auf den Strukturen der Organisation (z. B. Regeln zur Gestaltung von Prozessen) und ihrer Veränderung liegt. OrganisationsberaterInnen gestalten den Prozess der Gestaltung organisationalen Lernens unter selektiver Einbeziehung der Organisationsmitglieder (z. B. durch die Entwicklung von Veränderungsarchitekturen) und bringen ihr Expertenwissen ein. Organisationsberatung kombiniert somit stets Fach- und Prozessberatungsanteile. Grundlage für eine professionelle Beratung ist eine organisationstheoretische Fundierung, Fachwissen zu den jeweiligen Veränderungsanliegen der Klientenorganisation sowie die Beherrschung der Beratungsmethodik.

3 Organisationen als komplexe soziale Systeme

Die Organisationstheorie von Taylor über Fayol bis hin zu Nordsieck und Kosiol war, ebenso wie unser Alltagsdenken, lange von der Vorstellung geprägt, dass es sich bei Organisationen um rationale Gebilde handele in denen sich ein gemeinsames Ziel durch eine gut durchdachte Arbeitsteilung und bestmögliche Organisation der Aufgaben erreichen ließe. Dieses Bild war allerdings schon von Max Weber nicht als Beschreibung der realen Praxis, sondern als Idealtypus entworfen worden. Insofern blieben von diesem Idealtypus abweichende Phänomene in Organisationen zwar nicht außerhalb des Blicks, aber doch außerhalb des im Rahmen der Theorie Erklärbaren. Die Leitvorstellung der rationalen Organisation konnte „in letzter Konsequenz […] nur deswegen als rational präsentiert werden, weil zuerst alles Unberechenbare aus den Kernprozessen der Organisation ausgeschlossen wurde" (Kühl 2000, S. 37), somit „fand sich kein Ansatz, die Frage zu stellen, wie es um diese Dinge in Wirklichkeit steht. Das faktische Verhalten in Organisationen blieb außerhalb des erfaßten Themenkreises" (Luhmann 1976, S. 18).

Der modernen systemtheoretisch ausgerichteten Organisationstheorie, deren wichtigster Vertreter Niklas Luhmann (1984, 2000) ist, geht es nicht darum, das tradierte Modell vollständig in Frage zu stellen. Sie versteht sich vielmehr als ergänzender Gegenentwurf mit dem Ziel, Rationalitätsanspruch und (vermeintliche) Irrationalität von Organisationen gleichermaßen zu erklären. Dass der resultierende Entwurf hochkomplex und somit nicht leicht rezipierbar ist, ist eine unvermeidliche Folge dieser Theorieanlage. Im Rahmen dieses Buches können somit nur die

F. von Ameln, *Organisationsberatung,* essentials,
DOI 10.1007/978-3-658-09369-3_3

Grundzüge der systemischen Organisationstheorie in sehr verkürzter Form und in den für Organisationsberatung bedeutsamen Ausschnitten dargestellt werden[1].

3.1 Kommunikationen als Basiselement von Organisationen

Luhmanns Theorieentwurf konzipiert Organisationen als soziale Systeme, die aus *Kommunikationen* bestehen. Menschen sind nur insoweit Bestandteil dieses Systems als sie an dessen Kommunikation teilnehmen. Gedanken, neuronale Aktivität usw. sind zwar Voraussetzung für das Entstehen von Kommunikation, sie werden von Luhmann aber anderen Systemtypen zugeschlagen (psychisches bzw. lebendes System) und sind für Organisationen so lange „unsichtbar" bis sie in die Kommunikation eingetragen werden – dann handelt es sich aber nicht mehr um Gedanken, sondern um Kommunikationsereignisse. Menschen sind weiterhin niemals in Gänze Teil der Organisation, sondern nur im Rahmen ihrer Mitgliedschaftsrolle. Die Pressesprecherin eines Unternehmens oder ein Verwaltungsbeamter sprechen im Namen ihrer jeweiligen Organisation, ihre Privatmeinung ist für die Organisation irrelevant und kann von ihr weitestgehend ignoriert werden.

► Organisationen bestehen aus systemtheoretischer Sicht nicht aus Menschen, sondern aus einem sich selbst organisierenden Kommunikationsprozess.

3.2 Erwartungen

In einer Interaktionssituation kann eine Person (Alter) an die Kommunikation ihres Gegenübers (Ego) nahezu beliebig anschließen – so kann eine Person im Café auf das Kommunikationsangebot eines dort bereits sitzenden Gastes interessiert, ablehnend, mit Schweigen usw. reagieren. Diese Situation, in der auf beiden Seiten nahezu beliebige Freiheitsgrade bestehen, bezeichnet Luhmann als *doppelte Kontingenz*. Organisationen können sich diese Beliebigkeit natürlich nicht leisten und müssen daher sicherstellen, dass die Kommunikation im Sinne des Organisationsziels fortgesetzt wird. Diese Sicherung der Anschlussfähigkeit von Kommunikation geschieht über *Erwartungen*, die mit der Mitgliedsrolle verknüpft werden. Ein Beispiel für eine solche formalisierte Erwartung ist die Stellenbeschrei-

[1] Zur Vertiefung: Luhmann (2000); Simon (2007); Zech (2013).

bung. Eine typische Form der Formalisierung von Erwartungen sind *Regeln*, die beschreiben, wie man sich als Organisationsmitglied zu verhalten hat, etwa das Leitbild, Führungsgrundsätze, Organisationshandbücher, Prozessbeschreibungen usw. Die Aufrechterhaltung der Mitgliedschaft knüpft die Organisation an die Einhaltung dieser Regeln, so dass ein Organisationsmitglied also (zumindest in einem gewissen Grade) auf die Erwartungs- und Regelkonformität seiner Kommunikationsbeiträge achten muss.

► Kommunikation in Organisationen wird über Erwartungen strukturiert, die vor allem in Form von Regeln vorliegen.

3.3 Autopoiesis, Beobachtung, Reflexivität und Reflexion

In dieser Hinsicht bestehen durchaus Parallelen zur klassischen Organisationstheorie. Luhmann ersetzt jedoch deren normative Prämisse, die die Einhaltung der Regeln und die Ausrichtung an einem gemeinsamen Organisationsziel zum Normalzustand der Organisation erklärt, durch ein differenzierteres Theorieangebot. So wird die Organisation aus systemtheoretischer Sicht nicht „vorgefunden", sondern im kommunikativen Prozess selbst erzeugt (Luhmann spricht in Anlehnung an ein von den Biologen Maturana und Varela entwickeltes Konzept von Organisation als *autopoietischem*, d. h. selbsterschaffendem System). Autopoietische Systeme sind informationell geschlossen, d. h. sie können nicht an Ereignisse in ihrer Umwelt oder an Operationen anderer Systemtypen anschließen, sofern diese nicht zuvor in ein internes Systemereignis überführt werden. Beispielsweise stellt die Beschwerde eines Kunden für eine Organisation nicht automatisch eine relevante Information dar. Um systeminterne Relevanz zu erlangen, muss die Beschwerde zunächst a) *beobachtet* werden. Der Beobachtungsbegriff ist bei Luhmann nicht als sinnliche Wahrnehmung misszuverstehen, er bezeichnet vielmehr den Vorgang, eine Unterscheidung zu verwenden, um an diese Unterscheidung weitere Operationen anschließen zu können. In diesem Sinne, so Luhmann, könne auch der Magen beobachten, da er zwischen Speisen und Nicht-Speisen unterscheiden und auf diese Unterscheidung bezogene Anschlussoperationen (verdauen /nicht verdauen) vornehmen könne. Nichtsdestoweniger ist die Organisation auf die Wahrnehmungsfähigkeit ihrer Mitglieder angewiesen (Luhmann 1993, S. 305), die z. B. an der Service-Hotline die Beschwerde entgegennehmen. Eine Information (mit einer Formulierung von Bateson: „Ein Unterschied, der einen Unterschied macht") wird aus dieser Wahrnehmung jedoch erst dann, wenn die Beschwerde b) in die organisationsinterne Entscheidungskommunikation eingespeist wird. Die

Organisation könnte die Beschwerde jedoch auch ignorieren oder nach kurzer Zeit wieder „vergessen". Das Fehlen einer geeigneten Sensorik für relevante Umweltereignisse und das Unvermögen, aus den beobachteten Umweltereignissen die für das Fortbestehen der Organisation relevanten Informationen zu generieren, können dazu beitragen, dass sich eine Organisation vom Markt abkoppelt und in Schieflage gerät, wie dies in der Vergangenheit an einigen prominenten Beispielen deutlich geworden ist.

Die systemtheoretische Organisationstheorie beruht auf einer konstruktivistischen Erkenntnistheorie (Ameln 2004): Jedes beobachtende System – also auch jede Organisation – konstruiert ihre jeweilige Wirklichkeit auf der Basis beobachtungsleitender Unterscheidungen, die so, aber auch anders möglich wären. Jede beobachtungsleitende Unterscheidung produziert einen blinden Fleck, der erst durch eine Beobachtung *2. Ordnung* sichtbar wird. Wenn sich ein Automobilhersteller beispielsweise mit der strategischen Frage befasst, ob seine KundInnen zukünftig eher Benzin-, Hybrid- oder Elektrofahrzeuge kaufen werden, bleibt die Prämisse, dass in Zukunft überhaupt noch private Autos gekauft werden, unhinterfragt – vielleicht sollte man sich ja darauf einstellen, dass veränderte Mobilitäts- und Eigentumsvorstellungen die Verkaufszahlen zugunsten der Nutzung von Carsharing, Bahn oder Fahrrädern einbrechen lassen. Da Organisationen im Laufe ihrer Geschichte häufig betriebsblind werden, fällt es ihnen in der Regel zunehmend schwerer, derartige Beobachtungen 2. Ordnung anzustellen. Neue MitarbeiterInnen, KundInnen – oder eben BeraterInnen – können solche Beobachtungen 2. Ordnung einspiegeln. Doch auch sie geben keine Antwort auf die Frage, wie die Welt „wirklich" ist, da auch Beobachtungen 2. Ordnung einen blinden Fleck aufweisen, der lediglich ein anderer ist als der der Beobachtung 1. Ordnung. Wenn die Organisation ihr eigenes Operieren im Zeitverlauf beobachtet, spricht Luhmann von *Reflexivität*, wenn sie sich selbst im Hinblick auf ihr System-Umwelt-Verhältnis beobachtet, von *Reflexion.*

Die beschriebene informationelle Geschlossenheit hat weitreichende Folgen für Organisationsberatung, denn auch Empfehlungen, Rückmeldungen und Fragen eines Beraters bzw. einer Beraterin stellen für die Organisation so lange nur Rauschen oder ungerichtete Irritationen (in systemtheoretischer Terminologie: Perturbationen) dar, bis sich die Organisation an der Innenseite ihrer Systemgrenze dazu anregen lässt, aus dieser Perturbation eine Information zu konstruieren. So begründet sich einer der Leitsätze der systemischen Organisationstheorie: *Organisationen sind nicht von außen steuerbar, sondern nur perturbierbar.* Im Hinblick auf Organisationsberatung resultiert daraus eine Skepsis gegenüber der Wirkmächtigkeit der eigenen Intervention („intervenieren", d. h. „dazwischen gehen" ist in diesem Verständnis gar nicht möglich, da die Beratungskommunikation niemals in die autopoietische Selbstreproduktion der Organisation eingreifen kann, sondern stets in einem System eigener Geltung, dem *Beratungssystem*, stattfindet) und eine hohe Achtsamkeit für die Anschlussfähigkeit der eigenen Beratungsangebote.

► Organisationen sind nicht steuerbar, sondern nur perturbierbar.

Doch auch innerhalb der Organisation ist einer Kommunikation nicht automatisch Erfolg beschieden – im Gegenteil: Nach Luhmann (der sich in diesem Punkt u. a. auf die Kommunikationspsychologie von Watzlawick bezieht) ist jede Kommunikation mit drei Hürden konfrontiert:

- der Unwahrscheinlichkeit, dass die Kommunikation Adressaten erreicht, die in der aktuellen Situation nicht anwesend sind,
- der Unwahrscheinlichkeit, dass der Adressat versteht, was der Sender mitteilen möchte,
- der Unwahrscheinlichkeit, dass das Anschlusshandeln des Adressaten der Intention des Senders entspricht.

Um das Gelingen von Kommunikation trotz dieser Schwierigkeiten zu sichern, gibt es in Organisationen eine Reihe von Mechanismen, die die Anschlussfähigkeit von Kommunikation sichern, z. B. die Einrichtung einer formalen Hierarchie.

3.4 Entscheidung und Sinn

Wie gesehen, bestehen Organisationen in einem systemtheoretischen Verständnis aus einem Netz von Kommunikationen, die an vorausgegangene Kommunikationen anschließen. Dies gilt jedoch auch für andere Formen sozialer Systeme wie z. B. Familien. Eines der Spezifika von Organisationen (neben der Bindung der Teilnahme an die Mitgliedsrolle) liegt darin, dass sich ihre Autopoiesis nicht über beliebige Kommunikation, sondern über die Kommunikation von *Entscheidungen* vollzieht. Das bedeutet, „dass Organisationen ihre eigene Entscheidungsfähigkeit erzeugen und dass folglich Erhaltung und Verbesserung der Entscheidungsfähigkeit (statt Rationalität) das eigentliche Kriterium effektiver Organisation sind" (Luhmann 2000, S. 181). Natürlich gibt es in Organisationen eine Fülle von Kommunikationen, die nicht unmittelbar auf Entscheidungen bezogen sind und diese gleichsam umranken.

Entscheidungen in Luhmanns Sinne sind nicht im Sinne der klassischen Rational-Choice-Theorie oder des Alltagsverständnisses zu verstehen, in dem ein idealerweise vollständig informierter Akteur auf der Basis vollständiger Informationen, definierter Entscheidungskriterien und Präferenzen rational zwischen bekannten Alternativen abwägt. Zum einen beziehen sich Entscheidungen auf die Zukunft – welche Entscheidung die richtige ist, ist zum Zeitpunkt der Entscheidung daher notwendigerweise unbestimmt und lässt sich erst im Nachhinein beurteilen. Diese Situation erzeugt *Unsicherheit* und das Entscheiden in Organisationen dient im systemtheoretischen Verständnis insbesondere dazu, diese Unsicherheit zu absorbieren. Daher fasst Luhmann (1984, S. 400) den Entscheidungsbegriff auch sehr viel voraussetzungsärmer:

> Von Entscheidung soll immer dann gesprochen werden, *wenn und soweit die Sinngebung einer Handlung auf eine an sie selbst gerichtete Erwartung r*eagiert. Daß eine Handlung ihrerseits immer erwartungsorientiert abläuft, versteht sich von selbst. Dadurch entsteht kein Entscheidungsdruck. Entscheidungslagen ergeben sich erst, wenn die Erwartung auf die Handlung oder ihr Unterbleiben zurückgerichtet wird, wenn sie selbst erwartet wird. Dann schafft die Erwartung die Alternative von Konformität oder Abweichung, und dann hat man zu entscheiden.

Entscheidungen selektieren Möglichkeiten des Anschlusshandelns immer vor dem Hintergrund alternativer, nicht realisierter Möglichkeiten. Die Differenz zwischen Selektion und Möglichem bezeichnet Luhmann als *Sinn*.

► Organisationen sind […] komplexitätsverarbeitende Systeme, die Sinn im Modus von Entscheidungen produzieren. (Glatzel und Lieckweg 2014, S. 15)

Ein Beobachter kann beobachten, welche Selektionen im System vor dem Hintergrund der nicht realisierten Alternativen getroffen wurden und dieser Selektionsgeschichte Rationalitäten, Ziele, Motive etc. unterstellen – dieses alltagssprachliche Verständnis von Sinn ist aber eine post hoc vorgenommene Zuschreibung. Der „Sinn" einer Handlung wird somit erst im Nachhinein konstruiert.

Dass „Sinnhaftigkeit" (alltagssprachlich verstanden) kein notwendiges Kriterium für die Praxis von Organisationen darstellt, zeigt auch die Organisationsforschung. Wie weit etwa das faktische Entscheiden in Organisationen von rationalen Entscheidungsmodellen abweicht, hat vor allem James G. March gezeigt (z. B. March und Olsen 1986):

- Entscheidungsgelegenheiten werden mit angeblich dringenden Problemen überfrachtet;

- die an einer Entscheidung beteiligten Personen wechseln und ihre Aufmerksamkeit schwankt, so dass heute so und morgen anders entschieden werden kann;
- Verbindungen zwischen Mitteln und Zwecken, Handeln heute und morgen, Handeln in verschiedenen Teilen des Systems, Plänen und Entscheidungen, Entscheidungen und Implementierung etc. bleiben obskur;
- die Organisationsmitglieder kämpfen um das Recht, am Entscheidungsprozess teilnehmen zu können, um dieses Recht dann nicht zu nutzen;
- Organisationen ignorieren die verfügbare Information, suchen daraufhin neue Information und ignorieren diese dann etc.

Aus dieser Sicht stellen Organisationen keineswegs rationale Gebilde dar, sondern eher „organisierte Anarchien" (Cohen und March 1974). Hier zeigt sich eine der wichtigsten Differenzen zwischen dem systemtheoretischen und dem klassischen Organisationsverständnis. Das Geschehen in Organisationen wird als hochgradig komplexer sozialer Prozess beschrieben, in dem Rationalitätsvorstellungen zwar wichtige normative Orientierungspunkte darstellen, das faktische Geschehen aber nicht determinieren.

3.5 Latente Regeln

Auch wenn Regeln, wie in Abschn. 3.2 ausgeführt, den strukturellen Rahmen für das Kommunizieren und Entscheiden in Organisationen bilden, bedeutet dies nicht, dass alle Handlungen der Organisationsmitglieder regelkonform sein müssten. Im Gegenteil hat Ortmann (2004) überzeugend dargelegt, dass ein gewisser Freiraum für die Missachtung von Regeln erforderlich ist, um die notwendige Flexibilität für den Umgang mit nicht vollständig regelbaren Situationen zu eröffnen. Insofern können Regelabweichungen also durchaus funktional sein. Wie sich im Schatten der formalen Organisation informelle Kommunikations- und Handlungsmuster ausbilden, hat Luhmann in seinem frühen Werk „Funktionen und Folgen formaler Organisationen" (1976) brillant analysiert. Diese Muster prägen sich jeweils organisationsspezifisch aus; sie sind als (ungeschriebene) Regeln beschreibbar. *Latente Regeln* (Ameln und Zech 2011, Simon 2004 spricht von „grammatischen Regeln") sind die Kristallisation der kollektiven Lernerfahrungen der Organisationsmitglieder. Sie sind die Bausteine der Organisationskultur und beeinflussen das Entscheiden der Organisation, können aber nicht – wie die formalen Regeln – per Dekret verändert werden. Luhmann (2000, S. 241) bezeichnet sie daher als „unentscheidbare Entscheidungsprämissen" der Organisation. Sie können im Einklang mit den formalen Regeln stehen und sind in diesem Fall unschädlich; sie können aber auch im Widerspruch zu den formalen Regeln stehen und so die Zielerreichung der Organisation erschweren. So existieren in Organisationen, die sich vordergründig als kooperativ und transparent verstehen, nicht selten latente Regeln wie „Achte darauf, dass du den Ruhm für deine Taten selber einstreichst, bevor sich jemand anders damit brüstet".

► In jeder Organisation bilden sich latente Regeln aus, die mit den formalen Regeln im Einklang stehen oder ihnen widersprechen können.

3.6 Organisationales Lernen

Vor diesem Hintergrund dieser notwendigerweise sehr rudimentären Skizze der gegenwärtigen Organisationstheorie lassen sich nun *organisationales Lernen* näher definieren und Konsequenzen für die Organisationsberatung ableiten. Hält man sich vor Augen, dass Organisationen nicht aus Menschen (im Sinne von: psychischen Systemen) bestehen, ergibt sich unmittelbar, dass organisationales Lernen nicht mit personalem Lernen (etwa mit dem Erwerb einer Zusatzqualifikation oder einer Einstellungsänderung) identisch ist. Wenn Organisationen weiterhin auf der Ebene ihrer Elemente aus Kommunikationen bestehen, wird deutlich, dass sie auch auf dieser Ebene nicht lernen können: Eine Kommunikation ist ein Ereignis von minimaler Dauer, das bereits vergangen ist, bevor es sich verändern könnte. Organisationen können also nur auf der Ebene der Strukturen lernen, die die Anschlussmöglichkeiten der Kommunikation regeln, d. h. auf der Ebene der Erwartungen und Regeln. Wenn eine Organisation eine Regel geändert hat – beispielsweise: „Arbeitssicherheit ist wichtiger als größtmögliche Produktion" – hat sie also gelernt auf einem Niveau, das man als Lernen 1. Ordnung bezeichnen könnte. Darin liegt jedoch weder eine dauerhafte Erhöhung der Lernfähigkeit der Organisation noch ist mit der Regeländerung allein gewährleistet, dass die Regel auch in der Praxis umgesetzt wird. Mit dem Konzept der lernenden Organisation ist daher ein Lernen 2. Ordnung intendiert, das erst dann stattgefunden hat, wenn die Organisation Verfahren entwickelt hat, mit denen sie sich selbst eine kontinuierliche Reflexion und Reflexivität abfordert: „Eine *lernende Organisation* ist [...] nicht eine, die einmal etwas gelernt hat, sondern sie ist es erst dann, wenn sie Strukturen herausbildet, um ihre Strukturen zu ändern bzw. wenn sie Regeln entwickelt, um ihre Regeln zu ändern" (Zech 2013, S. 76). Zu einem nachhaltigen organisationalen Lernen gehört auch die Identifizierung latenter Regeln, die der angestrebten neuen Praxis entgegenlaufen, sowie Maßnahmen zu ihrer Veränderung.

▶ Organisationsberatung kann vor diesem Hintergrund organisationales Lernen in dreierlei Hinsicht anregen:

1. Indem sie Irritationen setzt, die die Organisation zu einer Beobachtung 2. Ordnung animieren.
2. Indem sie die Organisation bei der Einführung von Verfahren unterstützt, mit denen die Organisation ihre eigene Reflexionsfähigkeit steigert.
3. Indem sie hilft, dysfunktionale latente Regeln zu identifizieren und diese zu verändern.

4 Erfolgsfaktoren und Herausforderungen in Veränderungsprozessen

Angesichts der Komplexität organisationaler Veränderungen und der ohnehin begrenzten Wirkmächtigkeit von Organisationsberatung (vgl. Abschn. 3.3) kann es keine Patentrezepte für die Gestaltung des Prozesses geben. Nichtsdestoweniger haben sich in Forschung und Praxis eine Reihe von Erfolgsfaktoren für das Vorgehen herauskristallisiert, die Gerkhardt und Frey (2006) in ihrem 12-Faktoren-Modell zusammengefasst haben (Tab. 4.1).

a. Umfassende Symptombeschreibung & Organisationsanalyse

Zu Beginn jedes Veränderungsprozesses steht eine gründliche Analyse der Gesamtorganisation bzw. des zu verändernden Bereichs im Kontext der Gesamtorganisation. Die Frage, worin eigentlich das zu lösende Problem besteht, ist keineswegs trivial: Schon bei der Problembeschreibung handelt es sich nicht um einen objektiven Niederschlag der organisationalen Realität, sondern um eine Konstruktion der (welcher?) Beobachter, in die Attributionen, tradierte und perspektivenabhängige Deutungsmuster einfließen. Wie jede Beobachtung weist auch diese Problembeschreibung einen blinden Fleck auf (vgl. Abschn. 3.3). Insofern haben gerade diese Attributionen und Deutungsmuster in vielen Fällen zur Entstehung des identifizierten Problems beigetragen. Die „Dekonstruktion" des identifizierten Problems ist daher der erste wichtige Bestandteil der Auftragsklärung, und es gehört zu den Grunderkenntnissen der Beratung, dass sich am Ende des Auftragsklärungsprozesses häufig ein ganz anderes Thema als relevant erweist als das von den Auftraggebern zunächst benannte. (Gleichzeitig darf dies natürlich nicht dazu führen, dass die externe Beratung die Deutungshoheit für sich beansprucht und der

F. von Ameln, *Organisationsberatung*, essentials,
DOI 10.1007/978-3-658-09369-3_4

Tab. 4.1 Erfolgsfaktoren für die Gestaltung von Veränderungsprozessen nach Gerkhardt und Frey (2006)

Umfassende Symptombeschreibung & Organisationsanalyse
Vision und Ziele definieren
Gemeinsames Problembewusstsein
Führungskoalition/Befürworter
Kommunikation
Zeitmanagement
Projektorganisation und Verantwortlichkeiten
Hilfe zur Selbsthilfe, Qualifikation und Ressourcen
Schnelle Erfolge
Flexibilität im Prozess
Monitoring/Controlling des Prozesses
Verankerung der Veränderung

Organisation unterschwellig signalisiert, sie könne ihre eigenen Probleme nicht einschätzen.)

Ein wichtiger Bestandteil der Organisationsanalyse ist eine Kulturanalyse. Diesem Schritt wird häufig zu wenig Beachtung geschenkt: Nur 23,6 % der in der Studie von Keicher et al. (2012) betrachteten Projekte sehen eine Kulturanalyse vor. Der Grund hierfür liegt sicherlich darin, dass eine Kulturanalyse sehr aufwändig sein kann und es sich ja schließlich nur um „soft stuff" handelt. Doch „the soft stuff is hard", resümiert die IBM Change-Studie (2008): Bei vier der fünf aus der Sicht der Befragten Change-Verantwortlichen kritischsten Herausforderungen handelt es sich um weiche Faktoren. Auch Fries und Schüppel (2004) kommen zu dem Ergebnis, dass erfolgreicher Wandel zu 58 % auf weichen Faktoren beruht. Entsprechend steht die Kulturanalyse auf der Wunschliste der Instrumente, die die Befragten in der Studie Claßen und Kyaw (2007) für zukünftige Veränderungsprozesse bedeutsam finden, auf Platz 1. Auf die Bedeutung kulturell verankerter latenter Regeln für die Nachhaltigkeit von Veränderungen wurde in Abschn. 3.5 hingewiesen.

b. Vision und Ziele definieren

Glaubt man der einschlägigen Beraterliteratur, kommt man in Veränderungsprozessen ohne Visionen nicht aus. Auch wenn nicht jede Veränderung mit visionärer Bedeutung aufgeladen ist (und auch wenn viele „Veränderungsgeschädigten" sich bisweilen zurecht eine weniger visionsschwangere Kommunikation wünschten), ist es wichtig, eine präzise, möglichst motivierende Vorstellung davon zu haben, was sich auf der Ebene der Gesamtorganisation und der einzelnen Teilbereiche ändern soll. Vage Zielkriterien wie „Wir wollen kundenfreundlicher werden" bleiben wenig hilfreich, wenn nicht spezifiziert wird, was mit Kundenfreundlichkeit gemeint ist und in welcher Form dies für die KundInnen spürbar würde. Diese Forderung scheint trivial, doch sind klare Zieldefinitionen keineswegs in jedem Change-Prozess selbstverständlich: Der Bundesrechnungshof hat festgestellt, dass bei 39 % der zwischen 2006 und 2009 untersuchten 33 Veränderungsprojekte in der Verwaltung gar keine Ziele definiert und bei 75 % der verbleibenden 20 Projekte die Ziele nicht mit Indikatoren versehen waren. Der Autor der Studie spricht daher von einem „Blindflug ohne Navigation" (Etscheid 2013, S. 34).

Voraussetzung für eine taugliche Zieldefinition ist, dass in der Organisationsanalyse in Schritt a) sauber und gründlich gearbeitet wurde. Was hilft es, mit viel Aufwand Verkaufstrainings durchzuführen, wenn der Umsatzrückgang nicht auf die Verkaufsfähigkeiten der Mitarbeitenden zurückgeht, sondern auf eine veraltete Produktpalette? Ein nach allen Regeln der SMART-Kunst formuliertes Ziel ist daher wenig weiterführend, wenn es eine unhinterfragte Ursachenzuschreibung impliziert, die sich später als nicht valide erweist. Da organisationales Lernen, wie in Abschn. 3.6 erläutert, sich auf der Struktur- bzw. Verfahrensebene realisiert, ist es wichtig, dass die Zieldefinition möglichst nicht nur verändertes Handeln beschreibt, sondern dass so weit wie zu diesem frühen Zeitpunkt möglich bereits Ziele auf der Ebene der strukturellen Bedingungsfaktoren formuliert werden, die dieses Verhalten steuern.

c. Gemeinsames Problembewusstsein

Um einen Veränderungsprozess wirksam steuern zu können, muss unter den EntscheiderInnen Einigkeit über die Probleme, die grundsätzlichen Strategien zu ihrer Behebung und die Priorisierung des Veränderungsprozesses herrschen. Das Commitment des Top-Managements gegenüber dem Prozess, d. h. die Selbstverpflichtung, dem Veränderungsvorhaben die nötige Aufmerksamkeit und die erforderlichen Ressourcen einzuräumen, wird in Studien übereinstimmend als wichtigster Erfolgsfaktor benannt[1]. Diese Einigkeit ist jedoch nicht immer gegeben. Daher rät Wimmer (2009, S. 8 f.),

> den „Wandel der Führung" von Anbeginn an mit im Auge zu haben und mit den anstehenden Veränderungen auch auf den obersten Führungsebenen nicht zu zögern […]. Denn die Unausweichlichkeit der erkannten Veränderungsnotwendigkeit bringt in der Regel all die ungelösten Führungsthemen der Vergangenheit auf den Tisch: ein langjähriges, kontaktvermeidendes Nebeneinander an der Spitze des Unternehmens, verdeckte Konflikte zwischen Mitgliedern einer Geschäftsführung, mitgeschleppte

[1] z. B. Claßen und Kyaw (2007), S. 40; Greif, Runde und Seeberg (2003); IBM (2008), S. 13.

> personelle Schwächen im Führungsteam, unterschiedliche strategische Auffassungen, bislang vermiedene Maßnahmen zur kontinuierlichen Produktivitätssteigerung […].

Entsprechend geben ein Drittel der in der IBM-Studie befragten Change-Verantwortlichen an, das fehlende Commitment des Top-Managements hätte den Erfolg des Prozesses in Frage gestellt.

d. Führungskoalition/Befürworter

„Stell dir vor, es ist Veränderung und keiner geht hin." Wenngleich nicht immer alle MitarbeiterInnen überzeugt werden können und müssen, ist es wichtig, auf breiter Front Veränderungsenergie zu erzeugen und für den Sinn der geplanten Maßnahmen zu werben. Dies gilt umso mehr, je bedeutsamer es ist, dass die Beteiligten die Veränderungen nicht nur irgendwann akzeptieren, sondern aktiv mitgestalten. Kreativität, Begeisterung, Identifikation mit dem Unternehmen lassen sich nicht erzwingen – Jon Elster (1987, S. 141 ff.) spricht von nicht-intendierbaren Zuständen.

Häufig ist davon die Rede, dass Führungskräfte in Veränderungsprozessen als Vorbilder agieren müssen. Das ist richtig, denn MitarbeiterInnen warten (unberechtigter- oder oft auch berechtigterweise) zunächst einmal darauf, dass ihre Führungskräfte die Neuerungen umsetzen. Wenn sie dies (ungestraft) nicht tun, kann es der Organisation mit der Veränderung ja nicht so ernst sein. Auf diese Weise entscheidet ihr Verhalten darüber, ob dysfunktionale latente Regeln (siehe Abschn. 3.5) in der Organisation erhalten bleiben oder ob sich neue, funktionalere Regeln etablieren. Deshalb gilt der Leitsatz von Wimmer (2009, S. 8): „die Führung des Wandels bedingt einen Wandel der Führung". Sie haben aber auch die Aufgabe, Ängste der MitarbeiterInnen aufzufangen, den Sinn der geplanten Maßnahmen zu erläutern und die MitarbeiterInnen bei der Umsetzung der neuen Verhaltensweisen zu unterstützen.

Doch der Kreis der Promoter des Veränderungsvorhabens kann und darf nicht mit dem Kreis der Führungskräfte identisch sein. Vielmehr geht es darum, neben den formalen MachtinhaberInnen auch informelle Meinungsführer/innen einzubinden – wenn sie den Wandel nicht unterstützen, ist es schwer, eine breite Akzeptanz zu erlangen. Wie dieser Prozess gestaltet werden kann, ist in Ameln und Gebhardt (2007) beschrieben.

e. Kommunikation

Eine professionelle, adressatengerechte Kommunikation ist ein Engpassfaktor in Veränderungsprozessen. Kommunikation sollte

- zeitnah,
- auf breiter Ebene,
- offen,
- klar und
- lebendig

gestaltet werden (Gerkhardt und Frey 2006). Bedeutsame Veränderungen (also solche, die sich auf Arbeitsplatz, Arbeitsort, Tätigkeit, Teamzusammensetzung etc. auswirken) lösen Stress und Ängste aus. Wie Antonovsky (1997) in seinem Salutogenese-Modell herausgearbeitet hat, hängen die Stressbewältigungsfähigkeit vor allem von drei Faktoren ab:

- Inwieweit sind die anstehenden Veränderungen für mich *vorhersehbar*?
- Inwieweit glaube ich, die anstehenden Veränderungen *bewältigen* zu können?
- Inwieweit erlebe ich es als *sinnvoll*, die Anstrengung der Veränderung auf mich zu nehmen?

Diese drei Fragen müssen bei der Wahl der Kommunikationsinhalte (wenn auch nicht notwendigerweise explizit) mitlaufen. Das Intranet kann im Rahmen der Change-Kommunikation nur ein ergänzendes Medium sein – wichtige Botschaften müssen persönlich transportiert und erläutert werden, z. B. von den Führungskräften in Teambesprechungen oder von der Geschäftsführung im Rahmen von Großveranstaltungen und Workshops. Eine hilfreiche, nach Phasen, Zielgruppen und Zweck gegliederte Auflistung von Informations- und Kommunikationsmethoden findet sich bei Glatz und Graf-Götz (2007, S. 329).

f. Zeitmanagement

In vielen Organisationen hat sich mittlerweile die Erkenntnis durchgesetzt, dass die Gestaltung von Veränderungen keine Sonderaufgabe ist, die mit „der eigentlichen Arbeit" konkurriert (und letztlich geringere Priorität hat), sondern ein wichtiger Teil dieser eigentlichen Arbeit darstellt. Nichtsdestoweniger besteht in der heutigen, zeitlich ohnehin überlasteten Organisationswelt ein großes Problem in der Allokation der nicht unbeträchtlichen zeitlichen/personellen Ressourcen für Veränderungsprozesse. Deshalb bedarf es eines professionellen Zeitmanagements, das eine zügige Umsetzung der Veränderungen sicherstellt, andererseits aber nicht zu einer dauerhaften Überforderung der Beteiligten führt. Wichtig ist dabei eine Meilensteinplanung, die das Gesamtziel auf erreichbare Teilziele herunterbricht und so das Gefühl schafft, dem Ziel in bewältigbaren Schritten näher zu kommen.

g. Projektorganisation und Verantwortlichkeiten

Die Projektorganisation wird in der Prozessarchitektur festgelegt, die in Kap. 5 näher erläutert wird.

h. Hilfe zur Selbsthilfe, Qualifikation und Ressourcen

Den Mitarbeitenden müssen Qualifikationen vermittelt werden, die für die nachhaltige Sicherung der angestrebten Veränderungsziele nötig sind – so gehört zur Einführung von Mitarbeitergesprächen auch die Schulung von Führungskräften und Mitarbeitenden im Umgang mit dem neuen Instrument.

i. Schnelle Erfolge

Schnelle Erfolge können dazu beitragen, skeptische Teile der Mitarbeiterschaft vom Nutzen der Veränderung zu überzeugen. Natürlich sind solche Erfolge in kleinen Teilprojekten schneller zu erzielen als bei Themen, die die Veränderung kulturell tief verankerter Verhaltensmuster voraussetzen. Dies ist ein weiteres Argument dafür, lokal umgrenzte Pilotprojekte an den Anfang des Veränderungsprozesses zu stellen.

k. Flexibilität im Prozess

Wenngleich unter Punkt b) auf die Bedeutung klar definierter und operationalisierter Ziele hingewiesen wurde, müssen sowohl die Zielindikatoren als auch die Maßnahmenplanung flexibel genug sein, um an im Prozessverlauf gewonnene neue Erkenntnisse und unerwartete Entwicklungen angepasst werden zu können.

l. Monitoring/Controlling des Prozesses

Veränderungsprojekte werden trotz ihrer Bedeutung für das Funktionieren der Organisation und trotz des beträchtlichen Ressourcenaufwandes nur selten evaluiert – einem Change-Controlling wird in der Praxis in der Regel nur wenig Bedeutung beigemessen[2]. Auch wenn es nicht immer leicht ist, Veränderungserfolge valide zu erfassen, sollten doch zumindest qualitative Erfolgsindikatoren definiert werden, um ggf. Nachsteuerungsmöglichkeiten zu eröffnen.

[2] Gründe für dieses in Studien immer wieder konstatierte Phänomen werden in Ameln et al. (2007), S. 307 ff. diskutiert.

Tab. 4.2 Die fünf bedeutsamsten Hindernisse bei der Umsetzung von Veränderungen. (% der Nennungen, Mehrfachnennungen möglich, nach IBM 2008, S. 12)

Veränderungen von „mindsets" und Einstellungen	58 %
Organisationskultur	49 %
Komplexität unterschätzt	35 %
Ressourcenknappheit	33 %
Fehlendes Commitment des höheren Managements	32 %

Tab. 4.3 Die fünf bedeutsamsten Hindernisse bei der Umsetzung von Veränderungen. (% der Nennungen, Mehrfachnennungen möglich, nach Claßen und Kyaw 2007, S. 39, Daten aus 2005)

Zu viele Aktivitäten ohne Priorisierung	52 %
Langfristige Maßnahmen werden für kurzfristige Ergebnisverbesserung geopfert	48 %
Kein echtes und nachhaltiges Monitoring/Erfolgskontrolle der Aktivitäten	47 %
Keine klare Zielsetzung	44 %
Interessen-/Zielkonflikte der Beteiligten	42 %

Tab. 4.4 Die wichtigsten Erfolgsfaktoren in Veränderungsprozessen. (% der Nennungen, Mehrfachnennungen möglich, nach IBM 2008, S. 13)

Unterstützung durch das Top-Management	92 %
Mitarbeiterbeteiligung	72 %
Ehrliche und zeitnahe Kommunikation	70 %
Veränderungsförderliche Organisationskultur	65 %
Change agents	60 %

m. Verankerung der Veränderung

Nachhaltiger Wandel lässt sich nicht erreichen, indem man kollektiv bekräftigt, es in Zukunft anders machen zu wollen (eine in der Praxis übrigens durchaus verbreitete Strategie). Veränderungen, die sich nicht strukturell und formalisiert niederschlagen, haben keinen Bestand. Wie in den Abschn. 3.5 und 3.6 erläutert, lässt sich das nur durch die Etablierung von Verfahren einerseits und durch die Veränderung von dysfunktionalen latenten Regeln andererseits erreichen.

In Tab. 4.2, 4.3, 4.4 werden die wichtigsten der in den Studien von Claßen und Kyaw (2008) sowie IBM (2008) genannten Erfolgsfaktoren und Hindernisse für Veränderungsprozesse noch einmal überblicksweise aufgelistet, um die Schwerpunkte aus der Praxissicht deutlich zu machen.

5 Methodik zur Gestaltung von Veränderungsprozessen

Die Gestaltung größerer Veränderungsprozesse ist ein komplexes und aufwändiges Unterfangen. Wie in Abschn. 2.3 beschrieben, müssen Experten- und Prozessberatungsanteile unter *selektiver Einbindung* der verschiedenen organisationalen Akteure zusammengeführt werden. „Selektive Einbindung" bezeichnet die schon oben angedeutete Paradoxie des Führungswechsels zwischen Steuerung und Selbststeuerung, zwischen Führung und Partizipation: Veränderungsprozesse bedürfen einerseits der aktiven Mitwirkung der Mitarbeiter/innen und müssen mit den Selbstorganisationsdynamiken des Systems harmonisiert werden, andererseits setzt Wandel aber auch gezielte Systembrüche und das Treffen von nicht konsensfähigen Entscheidungen voraus:

- Auf der *Sachdimension* müssen zum einen die Aufgabenpakete definiert werden, die bearbeitet werden müssen, um die festgelegten Ziele zu erreichen, zum anderen muss hier unter Einbeziehung sowohl des innerorganisationalen als auch des externen Expertenwissens (im Sinne von Fachberatungsanteilen) das für das Projekt erforderliche neue Wissen generiert (die neue Aufstellung des Unternehmens entworfen, neue Prozesse designed…) werden.
- Auf der *Sozialdimension* muss festgelegt werden, welche Akteure (innerhalb der Organisation, aber auch darüber hinaus) einbezogen werden müssen und wie diese Akteure zusammenwirken sollen. Die Kriterien für diese Einbindung sind vielfältig: Wer verfügt über die relevanten Informationen und die benötigten Kompetenzen? Wer kann interne Gewissheiten mit seiner Außensicht verstören? Wer besitzt die Motivation, um das Vorhaben voranzutreiben, wer wird

F. von Ameln, *Organisationsberatung,* essentials,
DOI 10.1007/978-3-658-09369-3_5

aufgrund seiner informellen Einbindung als interner Promotor benötigt? Wer muss eingebunden werden, um Widerstände zu vermeiden? etc. (siehe auch Abschn. 4 d)

- Auf der *Zeitdimension* müssen die Beiträge der Akteure nicht nur in eine Reihenfolge gebracht werden, vor allem muss eine Taktung gefunden werden, die einerseits die Dynamik des Prozesses und zügig spürbare Erfolge gewährleistet, andererseits die Organisation und die aktiv in den Prozess Eingebundenen nicht überfordert.

Der erste Schritt nach der Situationsanalyse und einer ersten Zielklärung mit dem Auftraggeberkreis besteht daher darin, eine Veränderungsarchitektur zu entwerfen, aus der hervorgeht, wie der Prozess auf den drei beschriebenen Dimensionen gestaltet werden soll (vgl. Königswieser und Exner 1999; Wimmer 2010). Daraus resultiert ein (oft auch auf zwei Moderationswänden nur schwer darstellbarer) „Masterplan" für den Veränderungsprozess, der aber nicht als unveränderliches Korsett betrachtet werden darf, sondern im Laufe des Prozesses immer wieder der Überprüfung und Anpassung bedarf.

In Abb. 5.1 ist eine solche Veränderungsarchitektur schematisch dargestellt. Je nach Zielsetzung des Prozesses kann sie ganz unterschiedliche „Bausteine" enthalten, von denen hier nur einige skizziert werden.

Die *Steuerungsgruppe* ist nicht nur als Steuerungs- und Koordinationsgremium für den Prozess wichtig, sondern ist auch ein zentrales Gremium für die Gestaltung von Partizipation mit der Funktion, den Veränderungsprozess in der Organisation zu verankern. Daher sollte die Steuerungsgruppe (idealtypisch) bereichs- und hierarchieübergreifend besetzt werden. Die Steuerungsgruppe vergibt Arbeitsaufträge an die Arbeitsgruppen, unterstützt und kontrolliert die Umsetzung und führt die Beiträge der Arbeitsgruppen zusammen. Gegenüber den Auftraggebern hat sie eine beratende Funktion. Eine Startphase mit Qualifikations- und Teamentwicklungsanteilen für die Steuerungsgruppe ist von entscheidender Bedeutung.

Coaching für Auftraggeber und Top-Management Wie in Abschn. 4 c) erläutert, gehören Einigkeit und Commitment der obersten Führungsebene sowie ein geschlossenes Auftreten, das die Bedeutung des Veränderungsprozesses gegenüber der Organisation deutlich macht, zu den wichtigsten Erfolgsfaktoren. Daher ist ein prozessbegleitendes Coaching zu empfehlen.

Großgruppenveranstaltungen Großgruppenveranstaltungen sind wichtig, um möglichst viele Personen gleichzeitig zu erreichen (z. B. beim Kickoff des Prozesses) mit einem möglichst breiten Querschnitt von MitarbeiterInnen zentrale

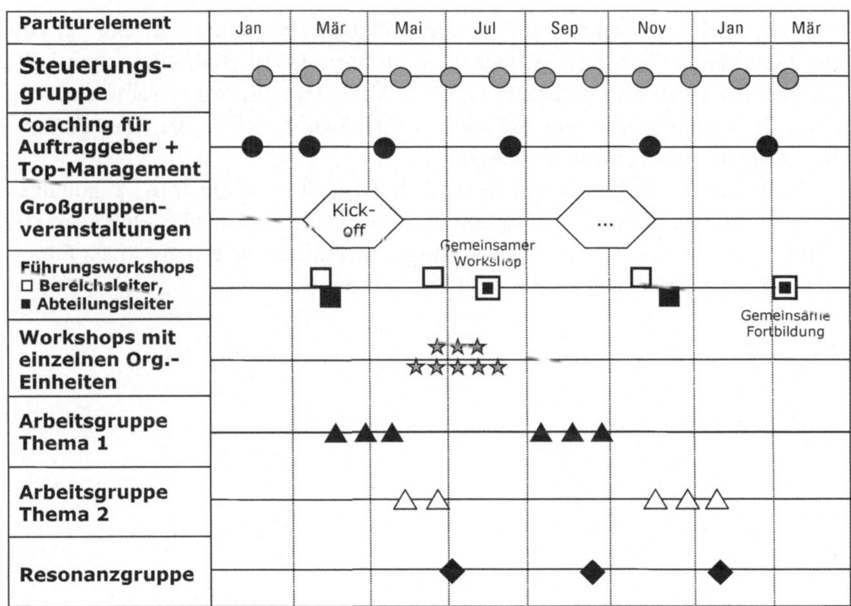

Abb. 5.1 Beispiel für eine Veränderungsarchitektur. (Quelle: Eigener Entwurf)

Themen der Veränderung zu erarbeiten und die Dynamik zu nutzen, die beim Aufeinandertreffen von Menschen aus verschiedenen Teilen der Organisation entstehen kann.

Arbeitsgruppen In den Arbeitsgruppen werden einzelne für die Veränderung relevante thematische Baustellen von MitarbeiterInnen mit entsprechender fachlicher Expertise bearbeitet. Hier findet die Detailarbeit statt:Beispielsweise kann die für die Entwicklung einer neuen IT-Lösung zuständige Arbeitsgruppe Best-practice-Lösungen sammeln, Partnerunternehmen besuchen, in denen ähnliche Systeme bereits eingesetzt werden etc. Die Arbeitsgruppen sind – ebenso wie die Steuerungsgruppe und die Beratung des Auftraggebergremiums – der Ort, an dem externes Expertenwissen einfließen kann.

Resonanzgruppe Jeder Eingriff in ein komplexes System erzeugt unerwartete Nebenwirkungen und ungeplante Dynamiken. Daher bedarf es in Veränderungsprozessen einer kontinuierlichen Beobachtung der Folgewirkungen, die die Interventionen in der Organisation erzeugen. Die Resonanzgruppe ist ein möglichst breit aufgestellter Zusammenschluss von MitarbeiterInnen, die „das Ohr am Puls der Organisation" haben (z. B. indem sie in ihrer Organisationseinheit mit Hilfe von Kurzinterviews Resonanzen auf den Veränderungsprozess sammeln) und so der Steuerungsgruppe eine Sensorik zur Verfügung stellen, die eine rekursive Nachsteuerung des Prozesses ermöglicht.

Natürlich sind weitere Formate (Stakeholderdialoge, field trips, Schulungen etc.) je nach Anforderung des Prozesses möglich. Wichtig ist dabei eine klare Definition von Verantwortlichkeiten und Aufgaben, Rollen und gegenseitigen Erwartungen der verschiedenen beteiligten Personen und Gruppen.

6 Interne Beratung

Dass Veränderungsprozesse von organisationsinternen Beratungseinheiten (IBE) begleitet werden, hat sich über die letzten Jahre vom Ausnahme- zum Normalfall entwickelt. In vielen Organisationen haben sich IBE zu regelrechten „One-Stop-Shops“ entwickelt, die ein breites Themenspektrum von der Change-Begleitung über Strategieberatung, Wissensmanagement, HR-Themen wie Personalselektion, Konfliktmanagement, Teamentwicklung oder internem Coaching bis hin zu Sozialberatung usw. anbieten. Für die organisationale Ausgestaltung interner Beratung gibt es unterschiedlichste Modelle, von Einzelpersonen über Stabsabteilungen bis hin zu rechtlich unabhängigen Ausgründungen mit z. T. über 100 MitarbeiterInnen.

Die Gründe für das stetige Wachstum des internen Beratungssektors sind nicht nur darin zu sehen, dass IBE deutlich kostengünstiger arbeiten als externe Beratungsfirmen (Galal et al. 2010, S. 26, gehen in einer Modellrechnung von einer Kostenersparnis von etwa 30 % aus). Interne BeraterInnen

- kennen Strukturen, Kultur und Personen in ihrer Organisation, verfügen über eine hohe branchen- und organisationsspezifische Expertise und genießen daher oft eine hohe Akzeptanz innerhalb der Organisation;
- werden (im Gegensatz zur klassischen Expertenberatung) oft auch mit der Implementierung der Veränderungen betraut, womit positive Auswirkungen auf die Projektergebnisse und deren Nachhaltigkeit verbunden werden;
- benötigen weniger Einarbeitungszeit, können die Möglichkeiten und Grenzen des Machbaren besser einschätzen und passgenauere Lösungen entwickeln.

F. von Ameln, *Organisationsberatung*, essentials,
DOI 10.1007/978-3-658-09369-3_6

Leker et al. (2007, S. 151 f.) haben in einer Befragung analysiert, welche Funktionen interne Beratung erfüllt und welche Bedeutung die jeweiligen Funktionen für die Organisation haben. Unsere Darstellung folgt der aus den Nennungen ermittelten Rangfolge.

- *Organisationsentwicklungsfunktion*: Diese aus der Sicht der Befragten wichtigste Funktion umfasst die klassischen Change-Management Aufgaben.
- *Personalentwicklungsfunktion*: Interne Beratung stellt häufig ein Karrieresprungbrett dar, das die dort Tätigen für Führungsaufgaben in der Organisation qualifiziert.
- *Innovationsfunktion*: Zu den Aufgaben von interner Beratung gehört es auch, eigene Ideen für potenzielle Innovationen zu entwickeln und voranzutreiben sowie Innovationsimpulse aus der Organisation zu bewerten.
- *Wissensförderung/Wissenstransfer*: Interne Beratungen können – gerade in Großorganisationen – die Verbreitung von Best-Practice-Lösungen und den Wissenstransfer zwischen verschiedenen Organisationseinheiten fördern.
- *Problemlösungsfunktion*: Die Fähigkeit, Lösungsmöglichkeiten für konkrete, von den Geschäftseinheiten eingebrachte Problemstellungen zu entwickeln.
- *Kommunikationsfunktion*: Interne Beratungseinheiten können informellen Austausch zwischen Einheiten fördern, die im Unternehmensalltag wenig Berührung miteinander haben.
- *Wissenszentrum*: Interne Beratungen können als Kompetenzzentrum fungieren und Expertenwissen zur Verfügung stellen, das in der Organisation nicht vorhanden ist und ansonsten u. U. zu hohen Kosten extern zugekauft werden müsste.
- *Koordinationsfunktion*: Interne Beratung kann, so die Annahme der Autoren, dazu beitragen, unterschiedliche lokale Rationalitäten und Zielsetzungen, die sich in jeder Organisation entwickeln, anzugleichen sowie eine effiziente Verbindung zwischen Hierarchiestufen und Funktionsbereichen herzustellen.

Gerade in einer Zeit, in der Geld und Zeit bei der Gestaltung von Veränderungsprozessen immer knapper werden, sind dies entscheidende Vorteile. Organisationen müssen in stärkerem Maße Change-Kompetenzen entwickeln, um mit immer schnelleren und größeren Veränderungsherausforderungen Schritt zu halten. In Organisationen wird in zunehmendem Maße über die Frage diskutiert, inwieweit die bisherigen Strukturen geeignet sind, um Veränderungen in der erforderlichen Geschwindigkeit, Flexibilität und Professionalität umzusetzen. Kotter (2014, S. 7) vertritt zu dieser Frage eine eindeutige Haltung: „Mit auf Hierarchien basierenden Methoden für die Umsetzung von Strategien lässt sich keine rasche Transformation bewerkstelligen" – die Strukturen und Prozesse, mit denen Organisationen bislang Veränderungen gestaltet haben und die er als „das Betriebssystem einer Organisation" (Kotter 2014, S. 4) bezeichnet, sind demnach für das neue Paradigma der Veränderungsfähigkeit ungeeignet. Kotter sieht „die Lösung im Aufbau eines zweiten Betriebssystems mit agilen, netzwerkartigen Strukturen und gänzlich anderen Prozessen" (Kotter 2014, S. 4). Er schlägt vor, „informelle Netze von Change-Agents" aufzubauen, die parallel zur hierarchisch strukturierten Aufbauorganisation, aber schneller und kreativer als diese arbeiten. Dieser Vorschlag ist interessant, weil er dem Umstand Rechnung trägt, dass sich in komplexen Organisationen lokale Rationalitäten ausbilden, deren jeweils eigene Lern- und Veränderungsbedarfe von einer zentralen Steuerung nicht angemessen berücksichtigt werden können. Auch wenn Kotter darauf hinweist, dass dieses „zweite Betriebssystem" eng mit der Geschäftsführung zusammenarbeiten muss, bleibt die Frage unbeantwortet, wie zentrale Steuerungsperspektiven und dezentrale Entwicklungsstränge koordiniert und integriert werden können. In diesem Prozess kann interne Beratung eine zentrale Rolle spielen. Um die Gestaltung von Veränderungsprozessen den gestiegenen Anforderungen an Flexibilität und Geschwindigkeit anzupassen, wäre es also sinnvoll, die Wissensmanagement- und Koordinationsfunktionen interner Beratung aufzuwerten.

Die besonderen Vorzüge der internen Beratung ergeben sich im Idealfall daraus, dass sie einerseits Teil des Systems und für die KollegInnen somit hochgradig anschlussfähig ist, andererseits aber auch genügend Distanz gegenüber den zu beratenden Organisationseinheiten hat, um einen unverstellten Blick zu haben und in Konfliktsituationen als neutral wahrgenommen zu werden. Soweit die Theorie. In der Praxis können sich aus der Einbettung der IBE in die mikropolitischen Spannungsfelder der Organisation durchaus Rollendilemmata ergeben. Da die IBE in der Regel an den Vorstand berichten, können auf der Seite der BeratungsnehmerInnen Vorbehalte entstehen: Sind die internen Berater tatsächlich neutral oder vertreten sie verkappt die Interessen der Geschäftsführung? Inwieweit kann man ihnen Schwächen offenlegen, ohne Repressalien fürchten zu müssen? Wird die Vertraulichkeit gegenüber anderen, als konkurrierend wahrgenommenen Organisationseinheiten gewahrt? Darüber hinaus besteht eine Gefahr für interne BeraterInnen darin, im Zuge ihrer langjährigen Tätigkeit die blinden Flecke des Systems zu kopieren. Dieser Gefahr kann nur durch die kontinuierliche Auseinandersetzung mit Außenperspektiven in Form von Supervision, Fortbildungen, Teilnahme an Kongressen etc. entgegnet werden.

Die Bedeutung interner Beratung bei der Gestaltung von Veränderungen wird zukünftig weiter wachsen. Dennoch wird sie nach übereinstimmender Meinung von ExpertInnen aus Wissenschaft und Praxis externe Beratung nicht ersetzen. Wie

Kehrer und Schade (1995) in einer ausführlichen Analyse herausarbeiten, kann interne Beratung ihre Stärken vor allem bei Problemstellungen mit mittlerer Aufgabenspezifität und Informationskomplexität entfalten. Bei sehr spezifischen und komplexen Projekten, für die intern die nötige Expertise fehlt, wird auch in Zukunft externe Beratung unverzichtbar sein. Darüber hinaus steht externe Beratung als Kapazitätserweiterung z. B. für die Moderation von Workshopreihen, für Schulungsprogramme und Großgruppenveranstaltungen zur Verfügung. Schließlich ist die Inanspruchnahme externer Beratung in Situationen sinnvoll, in denen interne Beratung als nicht ausreichend neutral empfunden wird oder in denen explizit eine Moderation durch Außenstehende erwünscht ist (z. B. bei der Bearbeitung kritischer Themen auf Vorstandsebene). Eine vertiefende Auseinandersetzung mit interner Beratung findet sich u. a. im Themenheft der Zeitschrift Gruppendynamik & Organisationsberatung (2015, darin grundlegend Ameln 2015) sowie in Krizanits (2011).

7 Latente Funktionen von Organisationsberatung

Organisationsberatung dient dazu, die Leistungsfähigkeit der Organisation zu verbessern, indem sie Expertenwissen zur Verfügung stellt, einseitige Beobachtungsperspektiven verstört und neue Beobachtungsmöglichkeiten anbietet, die Komplexität des Prozesses in Veränderungsarchitekturen auffängt und dabei auftretende Konflikte moderiert. Dies sind einige der bisher beschriebenen, *offiziellen* Funktionen von Organisationsberatung. Wer die Praxis von Organisationsveränderungen (sei es aus externer Beratungs- oder aus interner Mitarbeitersicht) kennt, weiß, dass einige Phänomene in Beratungsprozessen durch die Brille der offiziellen Funktionen nur schwer erklärbar sind. Der Blick durch diese Brille hat – wie jede Beobachtung (vgl. Abschn. 3.3) – einen blinden Fleck, der sich erst durch einen distanzierteren Beobachtungsstandpunkt aufhellt. Aus einer solchen distanzierten, organisationssoziologisch fundierten Sicht ist es plausibel, dass Beratung über ihre offizielle Funktion hinaus für die Organisation bzw. für die Akteure in Veränderungsprozessen auch Zusatznutzeneffekte hat, die den Beteiligten bewusst – und möglicherweise sogar von der Auftraggeberseite intendiert – sein können, bisweilen aber auch von den Beteiligten unbemerkt Wirkung entfalten. Das Konzept der *latenten Funktionen* stellt Erklärungen für viele Phänomene in Beratungsprozessen bereit, die sonst unverständlich und bizarr erscheinen. Daher ist die Beschäftigung mit latenten Funktionen der Beratung nicht nur für eine aufgeklärte Beratungswissenschaft, sondern auch für eine aufgeklärte Praxis der Organisationsberatung unverzichtbar. Dennoch ist das Thema in der einschlägigen Literatur zum Thema Organisationsberatung kaum zu finden:

F. von Ameln, *Organisationsberatung,* essentials,
DOI 10.1007/978-3-658-09369-3_7

> Die bisherige Beratungsforschung leidet unter der Vorstellung einer zweckrationalen Wohlgeordnetheit des Beratungsprozesses, die von einer systemischen Theorie der Beratung gleichermaßen wie von einem betriebswirtschaftlichen Verständnis von Beratung unterstellt wird. Während die Organisationsforschung die Rationalitätsprämisse für das Funktionieren von Organisationen aufgegeben hat [...], muß dieser Schritt von der Organisationsberatungsforschung noch nachgeholt werden. (Iding 2000, S. 19)

Die latenten Funktionen von Organisationsberatung, die in Ameln, Kramer und Stark (2009) ausführlich beschrieben und mit Fallbeispielen illustriert sind, können hier nur zusammenfassend und ohne Anspruch auf Vollständigkeit dargestellt werden.

Beratung als organisationales Facekeeping Organisationen sind in vielerlei Hinsicht von externen Stakeholdern abhängig, z. B. von Großaktionären, Banken, Trägerinstitutionen, regulatorischen Behörden, WählerInnen etc. Diese Stakeholder fordern der Organisation bisweilen Veränderung ab, wo die Organisation selbst Veränderung nicht für sinnvoll hält oder nicht umsetzen kann. In diesen Fällen kann die Inanspruchnahme von Beratung dazu dienen, nach außen hin Aktivität und Veränderungsbereitschaft zu signalisieren, während nach innen alles beim Alten bleiben kann. In diesem Sinne verstehen Meyer und Rowan (1977) typische Leitvorstellungen von Veränderungsprozessen wie Rationalität, Korruptionsbekämpfung usw. als „Rationalitätsmythen", die Organisationen in ihre formalen Strukturen einbauen, um ihre Legitimität und damit ihre Überlebensfähigkeit zu erhöhen.

Das deutsche Bildungssystem ist ein anschauliches Beispiel dafür, wie immer neue Reformen einander ablösen und sich gegenseitig konterkarieren, ohne dass im Gesamtbild durchschlagende Wirkung zu erkennen wäre. Luhmann (2002, S. 245) fasst Reformen als Sprachspiele auf:

> Weitgehend erschöpfen Reformen sich darin, auf einer verbal abgehobenen Ebene Akzente zu setzen, die im System erinnert oder vergessen werden und in beiden Fällen Anlaß geben können für weitere Reformen. Eine „Implementation" im Sinne der ursprünglichen Intentionen findet kaum statt und wenn, dann so, daß die ursprünglichen Intentionen den Realitäten angepaßt werden, so daß man nach einiger Zeit den Zustand vor und den Zustand nach der Reform nicht mehr unterscheiden kann. Oft mag es relativ unproblematisch sein, die bisherige Praxis in der Rhetorik der Reform neu zu beschreiben, ohne sich durch die Zielvorstellungen der Reformer beunruhigen zu lassen. Das kann ein Grund dafür sein, daß die Reform als Erfolg angesehen wird, wenn ihre verbale Darstellung kontinuiert, und daß die fortbestehenden Mißstände Anlaß geben können, neue Reformen zu initiieren.

Diese Positionen sind natürlich sehr pointiert und unterstellen, dass der Zweck von Reformen allein im Aufbau potemkinscher Dörfer liegt. In den meisten Fällen wäre es sicher zu einseitig, den InitiatorInnen solche Verschleierungsabsichten zu unterstellen. Am Beispiel des Bildungssystems lässt sich wiederum illustrieren, wie politischer Aktivismus, Gestaltungswille, handwerkliche Fehler, Reformmüdigkeit und die Schwierigkeit, trotz guten Willens in einem hochkomplexen System Veränderung zu erzeugen, zusammenwirken. In jedem Fall hat die These, dass es in vielen Reformen nicht nur, aber *auch* um Impression Management gegenüber den Stakeholdern geht, einen Erklärungswert, z. B. im Hinblick auf die Frage, warum in vielen Veränderungsprozessen an der Unterstützung durch das Top-Management mangelt (vgl. Abschn. 4 c).

Beratung als Management- und Führungsersatz In Veränderungsprozessen potenziert sich die Verantwortung, die auf den Entscheidern lastet: Es gilt, die Organisation mit hohem Ressourceneinsatz aus der Krise zu führen, obwohl der Ausgang des Prozesses nicht gesichert ist. Im Scheiternsfall sind nicht nur ggf. die Zukunftschancen der Organisation in Gefahr, sondern auch „die Köpfe" der Verantwortlichen. In dieser Situation kann die Verlockung entstehen, einen Teil der Verantwortung auf andere Schultern zu delegieren. Auf diese Weise, so Kieser (2002, S. 32), „reduziert Beratung die Verantwortung der Manager. Für wichtige Projekte sind diese nicht mehr voll inhaltlich verantwortlich, sondern in erster Linie dafür, das richtige Beratungsunternehmen ausgewählt zu haben. Die Wahl eines großen und renommierten Beratungsunternehmens ist jedoch kaum angreifbar".

Beratung als Risikoentlastung und Beruhigungsmittel In dieser nicht nur für Mitarbeitenden auf unteren Hierarchieebenen, sondern auch für die Steuerer angespannten Situation kann Beratung als (psychoanalytisch gesprochen) Container für diese emotionale Belastung oder (systemtheoretisch formuliert) als Mechanismus der Unsicherheitsabsorption dienen. OrganisationsberaterInnen bieten „Ideen, Metaphern, Modelle und Worte, die in einer verwirrenden Welt Ordnung stiften und so unsere Sinnzuschreibungen des Erlebten rekonstruieren" (March 1999, S. 334). Wenn Beratungsfirmen in ihren Broschüren also auf ihre Erfahrung, auf bewährte Tools und auf ihren Schatz an Best-Practice-Lösungen verweisen, dient dies nicht nur als Ausweis von Professionalität, sondern auch dazu, Sicherheit in einer von Unsicherheit geprägten Lage zu signalisieren. Nicht zuletzt bieten die Gespräche mit den BeraterInnen die Gelegenheit, die Situation in einem geschützten und ohne die sonst notwendige Vorsicht gegenüber dem Gesprächspartner zu reflektieren.

Beratung als Konfliktabsorptionsstrategie Auch wenn die Beraterliteratur immer wieder appelliert, Konflikte als Chance aufzufassen, neigen Organisationen aus gutem Grund dazu, Konflikte einzuhegen und Eskalationen zu vermeiden. In „Organisationsberatung beobachtet" (Ameln et al. 2009) haben wir verschiedene Spielarten beschrieben, in denen Beratung eine Pufferfunktion für innerorganisationale Konflikte zugeschrieben wird. Ein klischeehaftes, aber in der Praxis dennoch verbreitetes Beispiel ist die Nutzung von Beratung als Legitimation von Personalentscheidungen: Eine große Unternehmensberatung wird beauftragt, Einsparpotenziale zu ermitteln – wenn sich dann herausstellt, dass einige 100 oder 1000 Stellen abgebaut werden, scheint dies (zumindest vordergründig) als eine von externen ExpertInnen als notwendig ermittelte und nicht vom eigenen Personalvorstand getroffene Entscheidung. Bei solchen „Maßnahmen, die sich Unternehmen als Sozialkörper selbst schwer zumuten können, weil diese emotional überlasten [...] braucht man fremde, nicht in gleicher Weise involvierte Autoritäten" (Heintel 1992, S. 357). Die Diagnosen, auf denen solche Empfehlungen beruhen, gleichen für Moldaschl (2005, S. 46) „magischen Praktiken [...]. Der magischen Praktiken bedarf [man], um den Betroffenen die feststehenden Kürzungsziele als Ergebnis unparteilich-rationalen Kalküls zu legitimieren". Beratung kann aber auch in Konstellationen innerorganisationaler Uneinigkeit die Rolle des externen „Wahrheitsstifters" spielen, oder es können Beratungsformate wie Teamsupervision eingerichtet werden, in denen Unzufriedenheiten der Mitarbeitenden aufgefangen werden können, die dann vorselektiert und geglättet in die organisationale Kommunikation eingespeist werden.

Beratung als Spielball in mikropolitischen Spielen Wie in Abschn. 2.1 beschrieben, hat sich die Organisationsforschung schon lange vom Bild der rationalen Organisation, in der alle MitarbeiterInnen zum gemeinsamen Wohle der Organisation und ihrer selbst zusammenarbeiten, verabschiedet. Vielmehr sind Organisationen auch Arenen für Kämpfe um Macht und Einfluss, die mit verschiedenen mikropolitischen Taktiken wie Koalitionsbildung, Ausüben von Druck etc. ausgetragen werden. Dabei versuchen die verschiedenen Akteure, im Rahmen der gegebenen Spielräume ihren persönlichen Interessen Geltung zu verschaffen. Dies gilt insbesondere in Veränderungsprozessen, in denen sowohl diese Interessen als auch die Spielräume zur Disposition stehen. Insofern sieht sich Beratung immer der Gefahr ausgesetzt – sei es gezielt, sei es eher unreflektiert – von der einen oder anderen Seite instrumentalisiert zu werden. Aus dieser Sicht bemisst sich die Anschlussfähigkeit der Beratungsleistung „nicht nach Kriterien wie Wahrheit, Brillanz, Originalität oder Scharfsinnigkeit, sondern nach den Möglichkeiten, auch mikropolitisch in den Handlungskontext des Abnehmers zu passen" (Minssen

1998, S. 66). Vorschläge, die nicht in das Interessengefüge des Auftraggebers passen, werden ignoriert, umgedeutet oder abgelehnt. Geßner (2001) beschreibt eine Reihe von „Beratungsspielen“:

1. Verantwortungsspiele (wenn das Ergebnis zufriedenstellend ist, schreibt es sich der Kunde auf seine Fahne, sonst ist es die Beratung schuld);
2. Nebenzielspiele (der Kunde versucht die Beratung für seine Zielsetzungen zu instrumentalisieren, die von den offiziellen Zielsetzungen abweichen);
3. Vereinnahmungsspiele (eine Akteursgruppe versucht, den Berater auf ihre Seite zu ziehen und so gegen eine andere Akteursgruppe, z. B. die Auftraggeber, in Stellung zu bringen);
4. Pro-forma-Beratungsspiele (der Kunde setzt die Rahmenbedingungen so, dass der Auftrag nicht erfüllt werden kann).

Obwohl Macht ein entscheidender Faktor in Veränderungsprozessen ist, bleibt der Zusammenhang von Macht und Beratung „eine ‚Terra incognita‘ der Forschungslandschaft“ (Iding 2000, S. 83).

8 Die Zukunft der Organisationsberatung

In einer von Instabilität geprägten Umwelt wird Veränderungsmanagement zum selbstverständlichen Bestandteil des organisationalen Alltags und zu einem integralen Bestandteil der Führungsarbeit (Keicher et al. 2012, S. 53 f.). Viele Unternehmen haben bereits erkannt, dass sie neue Formen der Steuerung von Veränderung entwickeln müssen. Dabei geht es nicht nur um eine Weiterentwicklung der Change-Management-Kompetenzen, sondern darum, Veränderungsfähigkeit in die Regelprozesse der Organisation einzuziehen. Während sich Organisationsberatung auf der einen Seite weiterhin mit den in Tab. 1.1 aufgelisteten klassischen Veränderungsthemen befassen wird, wird eine wichtige Aufgabe in Zukunft auch darin bestehen, diesen Aufbau innerorganisationaler Veränderungsfähigkeit zu unterstützen. Die zentrale Rolle interner Beratung in diesem Zusammenhang wurde schon angesprochen.

Die zunehmende Beschleunigung in den organisationalen Umwelten - und damit auch in den Organisationen selbst – bleibt nicht ohne Folgen für die Beschäftigten: In den letzten Jahren, so weisen zahlreiche Studien übereinstimmend nach, ist die Anzahl psychischer Erkrankungen drastisch angestiegen. Auf die Frage, wie Veränderungshäufigkeit und -tempo auf der einen Seite und Leistungsfähigkeit, Gesundheit und natürliche Entwicklungszeiten auf der anderen ausbalanciert werden können, werden nicht nur Organisationen, sondern auch die Organisationsberatung eine Antwort finden müssen. Hier ist auch die Frage einer Ethik der Organisationsberatung angesprochen, die sich noch in den Kinderschuhen befindet (Heintel et al. 2006).

Ein weiteres wichtiges Feld ist das weitere Zusammenwachsen der bisher weitgehend unverbunden nebeneinander stehenden Traditionsstränge der Organisati-

F. von Ameln, *Organisationsberatung,* essentials,
DOI 10.1007/978-3-658-09369-3_8

onsberatung. Auch wenn große Beratungsfirmen damit begonnen haben, Prozessberatungsqualifikationen aufzubauen, sind sowohl die Theorie als auch Praxis von einem integrierten Beratungsansatz noch weit entfernt.

Schließlich wird sich die Organisationsberatung weiter professionalisieren müssen, um weiterhin als kompetenter Sparringspartner für Organisationen agieren zu können, die bei der Entwicklung ihrer eigenen Veränderungskompetenz z. T. schon weit fortgeschritten sind. Hier wären eine intensivere Forschung und ein engerer Dialog zwischen Beratungswissenschaft und der (oft nach wie vor eher theorieaversen) Beratungspraxis zu wünschen.

Was Sie aus diesem Essential mitnehmen können

- Voraussetzung jeder professionellen Organisationsberatung ist eine organisationstheoretische Grundlage, die der Komplexität der heutigen Organisationswelt gerecht wird.
- Die relevanten Umwelten von Organisationen zeichnen sich durch zunehmende Komplexität und Instabilität aus. Das Geschehen in Organisationen ist als sozialer Prozess beschreibbar, der diese Komplexität und Unsicherheit in Form von Entscheidungen auffängt, die zur Erreichung des Organisationsziels dienen sollen. Die vielschichtige Dynamik dieses Prozesses, in dem wiederum eigene Komplexitäten und Unsicherheiten entstehen, lässt Organisationen aus der Beobachtungsperspektive als oft widersprüchlich und irrational erscheinen.
- Entscheidend für das Gelingen von Beratung ist die Anschlussfähigkeit der eigenen Beratungsangebote. Dabei gibt es kein Rezept zur Sicherung von Anschlussfähigkeit: Die Organisation entscheidet aufgrund ihrer eigenen, dem Berater nicht zugänglichen Kriterien, aus welchen Interventionsversuchen sie Informationen konstruiert und welche sie ignoriert. Beratung kann niemals instruieren, sondern nur perturbieren.
- Aus diesen Gründen ist Beratung ein voraussetzungsreicher Prozess, für den es keine Erfolgsrezepte gibt. Prozessarchitekturen verkoppeln Organisation und Beratungssystem in einem kommunikativen Prozess, innerhalb dessen aus dem Expertenwissen des Beraters und dem impliziten Wissen der Organisation neues Wissen generiert wird.
- Die historisch gewachsene Unterscheidung von Fach- und Prozessberatung ist überholt und wird den heutigen Anforderungen an Veränderungsprozesse nicht mehr gerecht.
- In Zukunft wird es vor allem darum gehen, organisationale Veränderungen schnell, flexibel und nachhaltig zu gestalten. Neben externer Beratung kann interne Beratung dabei eine wichtige Rolle spielen, um zentral angestoßene,

F. von Ameln, *Organisationsberatung*, essentials,
DOI 10.1007/978-3-658-09369-3

strategische Veränderungsprozesse mit den Veränderungsbedarfen der Organisationseinheiten in ihren lokalen Rationalitäten auszubalancieren.
- Zum Verständnis von Beratungsprozessen ist es unerlässlich, neben dem offiziellen Auftrag auch die latenten Funktionen zu berücksichtigen, die Beratung für die Organisation erfüllt.

Zum Weiterlesen

Zech, R. (2013). *Organisation, Individuum, Beratung. Systemtheoretische Reflexionen.* Göttingen: Vandenhoeck & Ruprecht.

Ausführliche systemtheoretische Grundlegung von Organisationsberatung mit besonderem Fokus auf die Differenz und das Zusammenwirken von Organisation und Individuum. Mit illustrierenden und theoretisch reflektierten Fallbeispielen, u. a. von Falko von Ameln zum Thema Mikropolitik.

Wimmer, R., Glatzel, K. & Lieckweg, T. (Hrsg.) (2014). *Beratung im dritten Modus. Die Kunst, Komplexität zu nutzen.* Heidelberg: Auer.

Systemtheoretisch fundierte Sammlung von Beispielen aus der Beratungspraxis zu Themen wie Strategieentwicklung, Internationalisierung, Entwicklung von Führungskräften und -teams, Einführung von Führungsfeedback

Ameln, F. v., Kramer, J. & Stark, H. (2009). *Organisationsberatung beobachtet.* Hidden Agendas und blinde Flecke. Wiesbaden: VS Verlag.

Analyse der blinden Flecke der klassischen Beratungsansätze sowie der latenten Funktionen von Organisationsberatung, mit vielen Praxisbeispielen und 25 Kurzbeiträgen von externen ExpertInnen (u. a. Alfred Kieser, Stefan Kühl, Rudolf Wimmer, Rainer Zech) und Change-Verantwortlichen aus der Praxis.

F. von Ameln, *Organisationsberatung,* essentials,
DOI 10.1007/978-3-658-09369-3

Literaturverzeichnis

Ameln, F. v. (2004). *Konstruktivismus. Die Grundlagen systemischer Therapie, Beratung und Bildungsarbeit.* Tübingen: Francke.

Ameln, F. v. (2015). Interne Beratung – Gegenwart und Zukunft. Ein Plädoyer für interne Beratung als Schlüsselelement der Wandlungsfähigkeit von Organisationen. *Gruppendynamik und Organisationsberatung, 46*(1), 5–21.

Ameln, F. v., & Gebhardt, R. (2007). „The Spirit of Change" – die Kultur der Begegnung als Katalysator in Veränderungsprozessen. *Zeitschrift für Psychodrama und Soziometrie, 6*(2), 171–183.

Ameln, F. v., & Zech, R. (2011). Die Zukunft liegt im Verborgenen. Über latente Organisationsregeln als Schlüsselfaktor gelingenden Change Managements. *Organisationsentwicklung, 30*(4), 49–55.

Ameln, F. v., Kramer, J., & Stark, H. (2009). *Organisationsberatung beobachtet. Hidden Agendas und blinde Flecke.* Wiesbaden: VS Verlag für Sozialwissenschaften.

Antonovsky, A. (1997): *Salutogenese: Zur Entmystifizierung der Gesundheit.* Tübingen: dgvt.

Baecker, D. (2007). *Studien zur nächsten Gesellschaft.* Frankfurt a. M.: Suhrkamp.

Claßen, M., & Kyaw, F. v. (2007). *Change management 2008.* Berlin: Capgemini.

Claßen, M., Alex, B., & Arnold, S. (2003). *Change management 2003.* Berlin: Capgemini.

Claßen, M., Arnold, S., & Papritz, N. (2005). *Change management 2005.* Berlin: Capgemini.

Cohen, M. D., & March, J. G. (1974). *Leadership and ambiguity.* New York: McGraw-Hill.

Elster, J. (1987). *Subversion der Rationalität.* Frankfurt a. M.: Campus.

Etscheid, M. (2013). Blindflug ohne Ziel. Zur Effektivität von Veränderungen in der öffentlichen Verwaltung. *Organisationsentwicklung, 32*(1), 29–37.

Fink, D. (2014). *Strategische Unternehmensberatung.* München: Vahlen.

Fries, S., & Schüppel, J. (2004). Paradigmenwechsel im Change Management Bereich. Weiche Faktoren sind der Schlüssel für einen erfolgreichen Wandel! http://www.brainguide.de/upload/publication/9b/hoq3/c1d6a6bc2f9711b04cbbb6b79f18cfda_1311535223.pdf. Zugegriffen: 23. März 2015.

Galal, K., Richter, A., & Steinbock, K. (2010). Inhouse-Beratung in Deutschland: Ergebnisse einer empirischen Studie. In A. Moscho & A. Richter (Hrsg.), *Inhouse-Consulting in Deutschland. Markt, Strukturen, Strategien* (S. 11–30). Wiesbaden: Gabler.

F. von Ameln, *Organisationsberatung,* essentials,
DOI 10.1007/978-3-658-09369-3

Gerkhardt, M., & Frey, D. (2006). Erfolgsfaktoren und psychologische Hintergründe in Veränderungsprozessen. Entwicklung eines integrativen psychologischen Modells. *Organisationsentwicklung, 25*(4), 48–59.

Geßner, A. (2001). Zur Bedeutung von Macht in Beratungsprozessen. Sind mikropolitische Ansätze praxistauglich? In N. Degele, T. Münch, H. J. Pongratz, & N. J. Saam (Hrsg.), *Soziologische Beratungsforschung. Perspektiven für Theorie und Praxis der Organisationsberatung* (S. 39–54). Opladen: Leske & Budrich.

Glatz, H., & Graf-Götz, F. (2007). *Handbuch Organisation gestalten. Für Praktiker aus Profit- und Non-Profit-Unternehmen, Trainer und Berater*. Weinheim: Beltz.

Glatzel, K., & Lieckweg, T. (2014). Beratung im Dritten Modus – Ein Leitfaden für die Praxis. In R. Wimmer, K. Glatzel, & T. Lieckweg (Hrsg.), *Beratung im dritten Modus. Die Kunst, Komplexität zu nutzen* (S. 15–23). Heidelberg: Auer.

Greif, S., Runde, B., & Seeberg, I. (2003). *Theoretische Grundlagen und Ergebnisse zum Projekt Erfolg und Misserfolg von Veränderungen*. Osnabrück: Universität Osnabrück.

Gruppendynamik & Organisationsberatung. (2015). Themenheft Interne Beratung, 46(1).

Heintel, P. (1992). Läßt sich Beratung erlernen? In R. Wimmer (Hrsg.), *Organisationsberatung. Neue Wege und Konzepte* (S. 345–376). Wiesbaden: Gabler.

Heintel, P., Krainer, L., & Ukowitz, M. (Hrsg.). (2006). *Beratung und Ethik. Praxis, Modelle, Dimensionen*. Berlin: Leutner.

IBM Corporation. (2008). Making Change Work. http://www-935.ibm.com/services/us/gbs/bus/pdf/gbe03100-usen-03-making-change-work.pdf. Zugegriffen: 23. März 2015.

Iding, H. (2000). *Hinter den Kulissen der Organisationsberatung. Qualitative Fallstudien von Beratungsprozessen im Krankenhaus*. Opladen: Leske & Budrich.

Keicher, I., Anke, T., Bohn, U., Crummenerl, C., & Mergenthal, K. (2012). *Change Management-Studie 2012*. München: Capgemini.

Kieser, A. (2002). *Wissenschaft und Beratung*. Heidelberg: Winter.

Königswieser, R., & Exner, A. (1999). *Systemische Intervention: Architekturen und Designs für Berater und Veränderungsmanager* (4. Aufl.). Stuttgart: Klett-Cotta.

Königswieser, R., Sonuç, E., Gebhardt, J., & Hillebrand, M. (Hrsg.). (2006). *Komplementärberatung: Das Zusammenspiel von Fach- und Prozeß-Know-how*. Stuttgart: Klett-Cotta.

Kotter, J. (2014). Die Kraft der zwei Systeme. Harvard Business Manager, 34(12), 2–15.

Krizanits, J. (2011). *Professionsfeld Inhouse Consulting. Praxis und Theorie der internen Organisationsberatung*. Heidelberg: Auer.

Kühl, S. (2000). *Das Regenmacher-Phänomen. Widersprüche und Aberglaube im Konzept der lernenden Organisation*. Frankfurt a. M.: Campus.

Leker, J., Mahlstedt, D., & Duwe, K. (2007). Status quo und Entwicklungstendenzen interner Unternehmensberatungen. In V. Nissen (Hrsg.), *Consulting Research. Unternehmensberatung aus wissenschaftlicher Perspektive* (S. 145–158). Wiesbaden: DUV.

Luhmann, N. (1976). *Funktionen und Folgen formaler Organisationen* (3. Aufl.). Berlin: Duncker & Humblot.

Luhmann, N. (1984). *Soziale Systeme*. Frankfurt a. M.: Suhrkamp.

Luhmann, N. (1993). Die Paradoxie des Entscheidens. *Verwaltungs-Archiv, 84*(3), 287–310.

Luhmann, N. (2000). *Organisation und Entscheidung*. Opladen: Westdeutscher Verlag.

Luhmann, N. (2002). *Die Religion der Gesellschaft*. Frankfurt a. M.: Suhrkamp.

March, J. G. (1999). *The pursuit of organizational intelligence*. Malden: Blackwell.

March, J. G., & Olsen, J. P. (1986). Garbage can models of decision making in organizations. In J. G. March & R. Weissinger-Baylon (Hrsg.), *Ambiguity and command. organizational perspectives on military decision making* (S. 11–35). Massachussetts: Pitman.

Meyer, J. W., & Rowan, B. (1977). Institutionalized organizations: Formal structure as myth and ceremony. *American Journal of Sociology, 83*(2), 340–363.

Minssen, H. (1998). Soziologie und Organisationsberatung – Notizen zu einem komplizierten Verhältnis. In J. Howaldt & R. Kapp (Hrsg.), *Sozialwissenschaftliche Organisationsberatung. Auf der Suche nach einem spezifischen Beratungsverständnis* (S. 53–72). Berlin: edition sigma.

Moldaschl, M. (2005). Reflexive Beratung – ein Geschäftsmodell? In M. Mohe (Hrsg.), *Innovative Beratungskonzepte* (S. 43–68). Leonberg: Rosenberger.

Niedereichholz, C. (1996). *Unternehmensberatung Band I: Beratungsmarketing und Auftragsakquisition* (2. Aufl.). München: Oldenbourg.

Niedereichholz, C. (2008). *Unternehmensberatung Band II: Auftragsdurchführung und Qualitätssicherung* (5. Aufl.). München: Oldenbourg.

Ortmann, G. (2004). *Regel und Ausnahme. Paradoxien sozialer Ordnung*. Frankfurt a. M.: Suhrkamp.

Pichler, M. (2013). Change: Die Glaubwürdigkeit der Vorstände sinkt. *Wirtschaft + Weiterbildung, 26*(2), 32–35.

Simon, F. B. (2004). *Gemeinsam sind wir blöd!? Die Intelligenz von Unternehmen, Managern und Märkten*. Heidelberg: Auer.

Simon, F. B. (2007). *Einführung in die systemische Organisationstheorie*. Heidelberg: Auer.

Wimmer, R. (2009). Kraftakt radikaler Umbau. Change Management zur Krisenbewältigung. *Organisationsentwicklung, 28*(3), 4–11.

Wimmer, R. (2010). Systemische Organisationsberatung – jenseits von Fach- und Prozessberatung. *Revue für Postheroisches Management, 7,* 88–103.

Zech, R. (2013). *Organisation, Individuum, Beratung. Systemtheoretische Reflexionen*. Göttingen: Vandenhoeck & Ruprecht.